반려동물 전문가 마스터플랜

반려동물 전문가 마스터플랜

초판 1쇄 발행 2021년 5월 1일

지은이	theD마스터플랜연구소(곽영미)
발행인	조상현
마케팅	조정빈
편집인	김유진
디자인	김희진

펴낸곳	더디퍼런스
등록번호	제2018-000177호
주소	경기도 고양시 덕양구 큰골길 33-170
문의	02-712-7927
팩스	02-6974-1237
이메일	thedibooks@naver.com
홈페이지	www.thedifference.co.kr

ISBN 979-11-61253-04-6 03370

독자 여러분의 소중한 원고를 기다리고 있으니 많은 투고 바랍니다.

| 더스 | 더디 | 더디퍼런스 | 마이북 |

십대가 되고 싶은 직업 로드맵

반려동물 전문가 마스터플랜

theD마스터플랜연구소 지음

더디퍼런스

반려동물 전문가가 되고 싶나요?

우리는 일상생활 속에서 '반려동물', '애완동물'이라는 말을 흔히 듣고 사용해왔다. 그런데 알고 보면 반려동물은 애완동물과는 다르다. 국어사전에 따르면 애완동물은 좋아하며 가까이 두고 기르는 동물을 말한다. 한편 반려동물은 '동반자 반(伴)', '짝 여(侶)' 자를 써서, 짝이나 동반자가 되는 동물을 말한다. 즉, 반려동물은 사람이 정서적으로 의지하며, 함께 살아가는 동반자인 동물이다. 그렇기에 애완동물이 아니라 반려동물로 불러야 한다.

반려동물을 기르는 가정이 점차 늘고 있다. 2019년 조사에 따르면, 우리나라 전체 가정 중 4분의 1이 넘는 가정에서 반려동물을 키운다고 한다. 네 집 중 한 집에서 반려동물을 키우고 있는 셈이다. 그리고 그 숫자는 계속 증가하고 있다.

반려동물로는 개가 80% 이상이며, 고양이가 32%라고 한다. 개와 고양이가 많은 수를 차지하고 있어서 반려동물이라고 생각하면 개와 고양이를 떠올리게 된다. 최근에는 개와 고양이 외에도 다양한 반려동물을 키우는 사람들이 늘고 있다. 포유류뿐만 아니라 파충류, 조류, 어류, 곤충류 등 다양한 동물들이 반려동물로 우리와 같이 생활하고 있다.

다양한 반려동물이 생기면서 반려동물과 관련된 새로운 직종들이 급격하게 늘고 있으며, 유망 직종으로 부각되고 있다. 아픈 동물을 치료하고 구조하는 수의사, 반려동물의 미용을 담당하는 반려동물 미용사, 반려동물의 문제 행동을 상담하고 교정하는 반려동물 훈련사, 반려동물을 이용하여 심리치료 및 동물 매개 치료를 하는 애니멀 테라피스트, 동물의 죽음을 애도하고 장례를 돕는 반려동물 장례플래너, 특정 혈통의 종을 교배·번식하는 도그 브리더, 도그 쇼에 참가하는 개를 훈련하는 핸들러, 펫시터 등 새로운 직업이 빠르게 생겨나면서 직업의 이름조차 낯선 경우도 많다. 그러다보니 반려동물 관련 직종에서 일하고 싶지만 어떤 일을 하는지, 무엇을 배워야 하고, 어떤 자격을 취득해야 할지 알아보기가 쉽지 않다.

이 책은 반려동물과 관련된 많은 직업들에 대해 안내한다. 1장은 수의사, 2장은 반려동물 미용사, 3장은 반려동물 훈련사, 4장은 애니멀 테라피스트, 5장은 반려동물 장례플래너로 구분하여 각 직업군이 어떤 일을 하는지, 어떤 자격이 있어야 그 일을 할 수 있는지, 어떤 것들을 배우는지, 앞으로의 전망은 어떠한지 등을 구체적으로 살펴보았다. 또한 관련 직업군이나 해외 유망 직종 등을 추가해서 반려동물과 관련된 많은 직종을 최대한 소개했다.

반려동물 전문가를 꿈꾸는 여러분은 아마 다른 사람들보다 더 동물을 사랑하는 사람일 것이다. 지금도 반려동물과 함께하며 그들을 돕고 있을지도 모른다. 반려동물 전문가를 꿈꾸고 있다면 반려동물을 키우는 일이 커다란 기쁨이자, 동시에 그들을 돌봐야 하는 책임감의 다른 이름이라는 점을 알아야 한다.

순간적인 감정으로 반려동물을 키우기보다는 반려동물이 아픈 상황에서 치료해줄 수 있는지, 죽을 때까지 자신이 돌봐줘야 한다는 책임감을 가지고 있는지를 잘 생각해야 한다. 그리고 키우려는 반려동물의 특성을 알고, 자신의 주거지가 반려동물이 살 수 있는 환경인지, 또한 자신이 책임지고 돌볼 수 있을지를 생각해서 반려동물을 선택해야 한다.

반려동물 관련 직업은 반려동물을 좋아하는 마음만으로는 할 수 없는 일들이 많다. 생명을 다루는 일이기 때문이다.

"모든 동물은 태어나면서부터 평등한 생명권과 존재할 권리를 가진다."

세계동물권리선언의 제1조 항목이다. 세계동물권리선언은 1978년 10월 15일, 프랑스 파리 유네스코 본부에서 선포되었다. 한국에서도 1991년 동물의 생명보호와 안전 보장 및 복지 증진을 꾀하는 동물보호법이 처음 만들어졌다. 반려동물과 관련된 직업을 갖기 위해서는 모든 동물이 인간과 마찬가지로 평등한 생명권을 가지고 있음을 잊지 말아야 한다.

그럼 지금부터 반려동물과 관련된 다양한 직업을 만나보자.

theD마스터플랜연구소

차례

1장
수의사
마스터플랜

수의사는
어떤 직업이지?

수의사는 두 종류가 있다. 반려동물(개, 고양이 같은 소동물), 산업동물(소나 돼지 같은 대동물), 야생동물(산과 들에 저절로 나서 자라는 동물), 외래동물(외국에서 들어온 동물) 등 직접 동물을 구조하고 치료하는 임상 수의사가 있다. 그리고 동물의 질병 연구 및 백신, 치료제 등의 약품을 연구하고 개발하거나, 정책 분야에서 일하는 비임상 수의사가 있다.

동물을 직접 치료하는 임상 수의사

수의사는 크고 작은 동물들을 돌보는 의사다. 아픈 동물을 진찰하고, 각종 검사를 통해서 어디가 왜 아픈지를 찾아내고, 그에 따른 처방과 치료를 한다. 수의사는 어미 동물의 출산을 돌보기도 한다.

우리가 일반적으로 떠올리는 수의사는 보통 임상 수의사이다. 먼저 임상 수의사가 어떤 직업인지 알아보자. '임상'이란 환자를 진료하거나 의학을 연구하기 위하여 병상에 임하는 일을 말한다. 수의사는 동물, 특히 가축을 대상으로 하여 이들의 질병을 예방하고 치료하는 것을 업으로 하는 의사를 말한다. 우리나라의 모든 직업을 분류해 정리한 한국표준직업분류에 따라, 임상 수의사는 '의료 진료 전문가'로 분류된다.

수의사는 주로 소동물이라고 불리는 개나 고양이와 같은 반려동물을 보살피지만, 우리 생각보다 더 다양한 일을 한다. 말 그대로 동물이 있는 모든 곳에 수의사도 있다. 우리 주변 어디에서 어떤 수의사들이 활동하고 있을까?

커다란 빌딩 도시 속 아기자기한 외관의 ○○○ 동물병원 문을 열고 들어가면 안락한 소파가 있고, 신나게 뛰노는 여러 마리 개와 고양이 그리고 친절한 간호사들과 하얀 가운을 입은 의사 선생님이 있다. 보통 수의사 하면 우리는 동물병원에서 만나는 이런 의사 선생님을 떠올린다. 개나 고양이와 같은 반려동물을 진찰하는 수의사 선생님 말이다.

수의사는 개나 고양이와 같은 소동물 외에도 소나 돼지 같은 대동물의 질병을 예방 · 치료하기도 한다. 텔레비전에서 소나 돼지가 새끼를 낳는 장면에서 종종 보이는 이들도 수의사이다. 소나 돼지를 돌보는 수의사는 주변에서 쉽게 만나기 어렵지만, 수요가 많은 직업이기도 하다.

동물원에서 일하는 수의사는 동물원 동물과 수족관의 수생동물 등 각종 동물의 영양 상태를 관리하고 이들의 번식 및 사육, 질병과 관련한 일을 한다. 연구를 위해 길러지는 실험동물을 관리하기도 한다.

그렇다면 수의사가 물고기나 어패류와 같은 수생동물도 돌볼 수 있을까? 이런 동물들도 역시 수의사의 영역이다. 조개 같은 어패류를 어떻게 진찰할지 궁금할 수도 있겠지만, 물에서 사는 수생동물의 질병과 상해를 예방·진단하고 치료하는 일 역시 수의사가 한다.

다친 야생동물을 치료하는 야생동물 수의사도 있다. 야생동물 수의사는 조난당한 야생동물을 구하고 치료해서, 야생동물이 자연으로 돌아가 재활할 수 있도록 돕는다. 여기서 더 나아가 야생동물들의 질병과 전염병을 연구한다. 또한 생태계 문제를 살펴보고, 생태계를 위한 야생동물 관리와 보전 사업에 참여하기도 한다.

보건, 연구, 정책 분야에서 일하는 비임상 수의사

수의사는 대동물, 소동물, 수생동물 등의 질병과 상해를 진단하고 치료하며 연구하는 임상 수의사 외에도 동물 질병에 대해 역학조사를 하고, 축산농가의 위생을 관리하며 질병을 예방하는 일도 한다. '역학조사'란 전염병의 발생 원인과 역학적 특성인 각 부분을 이루는 요소가 서로 어떤 관계를 가지고 어떻게 영향을 미치는지를 살펴보는 일이다. 이런 역학조사를 토대로 동물들이 질병에 걸리지 않도록 방역 대책을 세우는 것이 목적이다.

해마다 뉴스나 신문 기사로 구제역, 조류독감, 돼지콜레라와 같은 질병 이름을 들어봤을 것이다. 이런 질병으로 동물들이 떼죽음당하는 일이 반복되어 일어난다. 수의사는 이와 같은 다양한 동물 질병에 대해 역학조사를 하고, 축산농가의 위생을 관리하여 질병을 예방한다. 그리고 이를 연구하기도 한다. 이것만이 아니다. 수의사의 영역은 생각보다 더 넓다.

수의사는 검역관으로 일하기도 한다. 검역관은 사람들이 먹는 육류, 우유, 계란 등 다양한 축산물을 검사한다. 공항이나 항만으로 수입, 수출되는 모든 동물 및 축산물에 대한 검역과 검사를 실시해서 오염된 동식물이 우리나라에 들어오는 것을 막는다. 또한 동물용 의약품 안정성 검사를 실시하여 사용 가능한 동물용 의약품을 승인하거나 허가를 내린다.

수의사는 동물 약품을 만드는 회사의 연구원으로 일할

수도 있으며, 회사 연구원으로서 일하면서 동물 질병의 백신이나 동물용 질병 진단키트를 제조하는 일도 한다.

정책 분야에서 일할 수도 있다. 수의사는 수의 축산 관련 정책 분야에서 가축 전염병 예방법과 같은 가축 방역과 축산물 위생에 관한 일을 맡아 하기도 한다.

직업의 특징과 요구 능력

이처럼 임상이든 비임상이든 수의사는 다양한 영역에서 동물과 인간이 함께 살아갈 수 있도록 돕는 역할을 한다. 그렇다면 수의사에게 필요한 능력과 자질은 어떤 것이 있을까?

첫째, 동물을 사랑하고 교감할 수 있는가?

수의사는 기본적으로 동물을 사랑하고, 그들과의 교감을 통해 보람을 느낄 수 있어야 한다. 작고 하찮은 동물도 소중한 생명이기에 그들을 소중하게 대할 수 있어야 한다.

둘째, 동물을 세심하게 관찰할 수 있는가?

동물은 아프다고 표현할 수 없기 때문에 수의사에게는 아픈 동물을 잘 살피는 세심한 관찰력이 필요하다. 아무리 검사도구가 발달해도 수의사가 직접 관찰하며 시진 역시 중요하다. '시진'이란 눈으로 안색과 눈, 입, 코, 귀, 혀 따위를 살펴보고 외부에 나타난 변화에 의하여 병의 증상이나 진행 단계를 알아내는 일을 말한다. 시진을 잘하려면 무엇보다 세심한 관찰력과 정확한 의학적 지식이 필요하다.

셋째, 문제해결능력과 자기통제능력이 있는가?

수의사는 세밀한 관찰력과 꼼꼼한 사람에게 유리하며, 의연하게 대처할 수 있는 침착성과 인내심, 끈기도 필요하다. 다양한 동물들을 직접 대하기 때문에 돌발 상황이 생기기 마련이다. 돌발 상황 시 침착하게 문제를 해결할 수 있는 문제해결능력, 스스로를 잘 통제할 수 있는 자기통제능력이 요구된다.

수의사는 홀랜드(Holland) 직업성격유형 중에 '탐구형'과 '사회형'에 속하며, 신뢰, 정직, 책임감 등의 성격을 가진 사람들에게 유리하다. 홀랜드는 직업성격유형을 만든 사람의 이름이다. 그는 각자의 성격에 맞게 직업을 골라야 일을 더 잘할 수 있다는 연구를 했고, 그 결과 현실형, 탐구형, 예술형, 사회형, 기업형, 관습형으로 직업성격유형을 나누었다.

그중에 탐구형은 풀리지 않은 질문에 도전하는 것을 즐기는 경향이 있다. 경제적 또는 다른 보상이 적더라도 문제해결을 위해 열심히 노력한다. 자신이 문제를 스스로 해결하고 싶어 하는 특성이 강하며 이성적인 관점에서 접근하기를 원한다. 사회형은 이타적인 행동 특성을 가지고 있어서 더 나은 사회를 위해 공헌하는 데 관심이 있다.

넷째, 타인과 소통을 원활하게 할 수 있는가?

수의사는 동물 보호자와 밀접하게 접촉하고 소통해야 한다. 원활한 소통은 반려동물의 몸 상태를 파악하고 진단하고 치료하기 위해서도 필요하지만, 수의사로서 보람을 느낄 수 있는 큰 부분이기도 하다. 수의사는 보호자들과 소통하면서 그들의 신뢰를 얻어야 한다. 신뢰가 생기지 않으면 보호자는 의료진의 어떤 말을 믿지 않고, 치료나 진단에 불만을 갖기 쉽다. 치료 결과가 좋더라도 원활한 소통과 신뢰가 부족하면 수의사로서 보람을 느끼지 못하게 된다.

이 외에도 수의사는 수술 등 외과 처치를 해야 하므로 세밀한 손재주가 있으면 더욱 유리하고, 개나 고양이 등의 동물들 털에 심한 알레르기가 없어야 하며, 청력과 시력 또한 이상이 없어야 한다.

다섯째, 기초 과학에 관심이 높은가?

수의학은 단순히 반려동물과 산업동물, 야생동물에 대한 애정만으로 무턱대고 달려들 수 있는 학문이 아니다. 동물에 대한 관심이 높고, 화학이나 생물학 같은 기초 과학에 관심이 높은 사람에게 적합한 학과라고 할 수 있다. 대학에 입학하면 해부학, 생리학, 실험동물의학, 수의병리학 등을 공부하기 때문에 기초 과학에 관심이 높으면 유리하다.

수의사에게 궁금해요!

Q. 저는 피를 보는 게 무서워요. 수의사를 할 수 있을까요?

피를 보는 것에 대한 두려움이 어느 정도인지에 따라 달라질 수 있다. 많은 사람이 피를 보는 것에 대한 두려움이 있다. 대다수 이런 두려움은 수련 과정을 거치면서 극복할 수 있지만, 사람마다 차이가 있기 때문에 극복하기 어려울 수도 있다. 수의사는 동물을 치료하고 수술하는 임상 수의사 외에도 연구, 정책, 보건, 검역 분야 등 다양한 분야에서 일할 수 있다. 피를 보는 것에 대한 두려움이 크다면 연구 분야에서 일하는 것도 방법이다.

Q. 해부 실습을 직접 해야 하나요?

본과 1학년 교과 과정부터 해부학이 포함되어 있다. 그러니 당연히 해부 실습을 해야 한다. 해부 실습은 수의사가 되기 위해서 반드시 거쳐야 하는 과정이다. 동물의 시체를 만지고 해부하는 것은 어렵고 힘든 일이지만 중요한 공부다. 해부 실습을 어려워하는 학생들이 있지만 대부분 시간이 지나면 적응하게 된다.

Q. 혹시 여성 수의사에게 어려운 점이 있나요?

반려동물 분야에서는 여성이기에 반려동물이나 보호자들에게 더 친근하게 다가갈 수 있다. 이런 장점 때문에 반려동물 분야에서는 여성 수의사 채용을 선호하는 경우도 많다. 반면 체력 조건 때문에 취업에 불이익을 당하는 경우도 있다. 대동물(산업동물) 분야에서는 수의사가 소나 말, 돼지 등을 진료하므로 체력적으로 어려울 수 있다. 일부 기관에서는 체력적인 차이로 남성 수의사를 더 선호하기도 한다. 체력 문제는 개인차가 크므로 여성이어도 극복할 수 있다.

Q. 의학에서는 전공과를 선택하는데 수의학도 그런가요?

수의학도 내과, 외과와 같이 전공과를 선택한다. 그런데 동물병원은 규모가 작아 보여도 엄연히 종합병원이다. 한 동물병원에서 외과, 내과, 이비인후과, 정형외과, 임상병리과, 치과, 안과 심지어 정신과의 영역까지 모두 다룬다. 따라서 수의사는 전문의이자 종합의가 되어야 한다. 이렇게 다루어야 하는 분야가 많다 보니 자신이 선택한 전공 동물 분야(반려동물, 산업동물, 야생동물 등)에 관해서 더 많이 알게 된다고 한다. 최근에는 반려동물 진료에서 과목별 특화가 빠르게 진행되고 있으며, 내과, 외과, 정형외과, 안과, 피부과 등으로 나뉘어 더욱 전문화되고 있다.

Q. 의사가 동물을 진료할 수 있나요? 또는 수의사가 사람을 진료할 수 있나요?

의사는 '사람을 진료'하는 직업이고, 수의사는 '사람을 제외한 동물을 진료'하는 직업이다. 그렇기에 수의사와 의사는 진료 범위가 제한되어 있다. 수의사와 의사는 서로의 진료 범위를 침해하지 않으며, 침해할 경우 의료법과 수의사법에 의해 처벌받는다. 돈을 받지 않는 경우에도 불법 행위이다. 단, 응급 상황일 때는 선한 사마리아인 법의 보호를 받아 수의사가 사람에게 응급처치를 해도 처벌받지 않는다. 응급 상황일 때는 수의사가 아닌 일반인, 어린이도 응급처치를 할 수 있다.

'선한 사마리아인 법'이란 타인이 응급사항이나 위험에 처한 것을 인지했을 때 타인을 위험으로부터 구조해줄 의무를 부여한 법률 조항이다. 이 법은 일반인의 적극적인 구호활동 참여를 유도할 취지로 만들어졌다. 미국의 대다수 주와 프랑스, 독일, 일본 등에서 시행 중이며 우리나라에서는 2008년부터 도입됐다. 이전까지 국내에서는 사고를 당해 목숨이 위태로운 사람을 구해주려다가 구호자가 소송에 휘말리거나 죄를 덮어쓰기도 해서, 위험에 처한 사람을 봐도 도와주기를 주저하거나 외면하는 경우가 많았다.

선한 사마리아인 법은 성경에 나오는 착한 사마리아인 이야기에서 유래되었다. 유대인 제사장과 레위인은 강도를 당한 뒤 길에 쓰러진 유대인을 모두 못 본 척 지나가 버렸으나, 사마리아인만은 그를 지나치지 않고 구해준다. 이는 법적인 의무는 없으나 도덕적 차원에서 다른 사람을 도와야 한다는 의미를 담고 있다.

Q. 수의사는 언제까지 일할 수 있나요?

수의사의 경우 정년이 정해져 있지 않다. 자신의 신체적, 정신적 건강 상태로 진료와 치료가 가능한 시기까지 가능하다. 나이에 상관없이 얼마든지 일은 할 수 있지만, 수의사는 생명을 다루는 일이며 의학 기술은 나날이 발전하므로 향상된 의학 기술을 갖추도록 노력해야 한다. 동물병원에서 일하는 임상 수의사가 아닌 다른 직군의 수의사는 정년이 있다. 공무원, 약품 회사 등에서 일하는 수의사는 소속 기관의 정년 규정에 따라 일할 수 있다.

Q. 수의사는 힘든 일이 많은 직업인가요?

수의사는 어떤 분야에서 일하느냐에 따라 노동 강도가 차이가 난다. 소동물 수의사로 일할 경우 동물들의 몸집이 작기 때문에 육체적 노동 강도는 세지 않을 수 있다. 반면 동물의 보호자와 소통하면서 정신적 어려움을 겪을 수 있다. 대동물 수의사는 말, 소와 같은 주로 몸집이 크고 무게가 많이 나가는 동물들을 다루다 보니 육체적 노동 강도가 큰 편이다. 대동물 수의사 역시 보호자와의 관계가 중요하다.

흔히 직업 현장에서 주로 몸을 쓰면서 일하는 노동자를 블루칼라, 지식노동을 하는 사무직 계층을 뜻하는 화이트 칼라로 구분하는데, 수의사는 신체노동과 지식노동을 동시에 하는 직업인 그레이칼라에 속한다고 할 수 있다. 머리와 몸을 함께 써야 하기에 노동 강도가 낮다고 할 수는 없다. 하지만 보호자들과의 관계에서 신뢰가 쌓이고, 아팠던 동물들이 건강해지는 것을 보면서 보람과 기쁨을 느낄 수 있는 직종이다.

수의사가
되기까지

수의사 교육 과정

수의사가 되기 위해서는 대학에서 수의학을 전공해야 한다. 수의사 자격면허를 취득할 수 있는 다른 방법은 없다. 대학에 입학하면 먼저 수의예과(2년)로 진학하고, 그 뒤 정상적으로 마치면 수의학과(본과 4년)로 편입된다. 타 전공을 하고 수의학으로 전공을 바꿀 경우 편입학이 가능하다. 편입학을 할 경우 본과부터 시작된다. 수의학과 편입학은 외국대 졸업생 혹은 국내 전문대 이상 졸업자가 지원할 수 있다. 수의학과에 들어가기 위해서는 고등학교 성적이 상위 2~5%대, 1등급이 요구된다.

수의학과에 입학하려면

수의학과(수의예과)는 6년 과정으로 예과 2년, 본과 4년으로 구성되어 있다. 우선 수의학과가 있는 대학을 살펴보자. 수의학과는 전국에 10개의 대학에 있는데, 서울대학교, 건국대학교, 강원대학교, 경북대학교, 경상대학교, 충북대학교, 충남대학교, 전북대학교, 전남대학교, 제주대학교 등이다. 건국대학교를 제외한 대학이 모두 국립대학교로 학비가 저렴한 편이다. 10개 대학 모두 야간 과정 없이 주간 과정이다.

모집 정원은 각 대학마다 차이가 있지만 주로 각 대학별 40~50명, 총 600명대로 모집한다. 정시보다는 수시에 인원을 더 많이 모집하고 있고, 경쟁률은 수시가 훨씬 높으며 일부 대학에서 입학 정원을 최대 50%까지 확대함에도 평균 경쟁률(2018년~2021년 기준)은 9:1에서 11:1까지로 높은 편이다.

인구가 점점 감소함에 따라 수능에 응시하는 수험생도 감소하고 있지만, 수의학과 경쟁률은 오히려 올라가는 추세다. 정시 등급 커트라인은 수도권 상위권 공과계열 학과와 비슷하며 수의학과 인기가 계속 높아지므로 등급 커트라인은 계속 오를 것으로 예상된다. 반려동물을 키우는 사람이 많아지면서 수의학과와 동물 관련 분야 직업의 인기는 나날이 상승하고 있다.

다른 전공으로 학사학위를 취득한 경우에는 학사편입을 통해 본과 1학년으로 편입할 수 있다. 단, 대학 입학처럼 편입 역시 쉽지 않다.

대학에서 무엇을 배울까?

수의예과는 수의학 교과과정을 이수하기 위한 전 단계 과정이며, 생물학, 분자생물학, 화학, 물리, 수의윤리학 등 수의학과의 필수 과목과 영어 등 일반 교양 과목을 배운다. 이 과정에서는 본과에서 제대로 공부하기 위해 기초 과학을 배운다. 모든 일에 기초가 중요하듯이 예과 때 공부를 제대로 하지 않으면 본과에서 어려움을 겪는다. 예과 2년을 마치면 본과 1학년이 된다. 그리고 졸업까지 4년 동안 전문적으로 수의학을 학습하게 된다. 예과 때 동물원과 수족관, 수의과학검역원을 견학하고, 본과 때에는 동물 해부나 실험실에서 바이러스나 세균을 가지고 다양한 실습을 하게 된다. 임상에 필요한 외과, 내과, 산과 실습은 본과 3학년부터 시작한다.

전공 분야는 보통 본과 2학년 때부터 고민하기 시작한다. 산업동물, 반려동물, 기초 의학 분야, 예방 의학 등 다양한 분야에서 자신의 적성에 맞고 자신이 하고 싶은 분야를 찾아서 결정하면 된다. 본과 3학년부터는 학교에서 살다시피 하면서 공부를 많이 해야 한다. 다양한 동물의 뼈와 조직까지 모두 알아야 하고, 동물별 질병은 물론 인수공통 바이러스까지, 익혀야 할 지식의 양이 엄청나다.

수의사 자격증은 어떻게 취득할까?

수의사가 되려면 수의학과를 졸업하고 농림축산식품부가 시행하는 수의사 국가면허시험에 합격한 후 농림축산식품부장관으로부터 면허를 발급받아야 한다. 수의사는 국가에서 인정하는 전문 의료인이다. 전국의 모든 수의과대학은 국가에서 인정하는 수의사를 배출하기 위해서 필요한 교육 과정을 갖추고 있고, 교육 수준도 거의 비슷한 편이다. 각 대학에는 특화 진료 부분이 있다. 진학 시 특화 진료 부분을 살피는 것이 중요하다. 수의학과가 있는 대학이 많지 않다보니 다른 직종에 비해 학벌에 대한 편견이 덜한 편이다.

수의사 국가면허시험은 매년 1월에 치러진다. 시험 과목은 내과, 외과, 산과, 공중 보건, 미생물 등 10개 과목이다. 각 과목당 40문제씩 나오며 객관식 5지선다형으로 출제된다. 전체 과목의 평균이 60점을 넘어야 하며, 전 과목 평균 낙제 점수제가 있어서 한 과목이라도 40점 이하의 점수를 받으면 낙제하게 된다. 합격률은 보통 90% 이상이다. 수의학과에서 제대로 공부한다면 충분히 합격할 수 있다.

어디에서 일하게 될까?

의사는 의사국가고시를 보고 자격증을 취득하면 인턴으로 일한다. 1년간 실습한 뒤에는 2~3년의 레지던트 기간을 거치고, 이 과정이 끝나면 전문의가 된다. 인턴은 전공이 정해지지 않은 상태에서 일반의로서 일하는 과정을 말하고, 레지던트는 인턴을 마친 뒤 전문과목 중 하나를 전공으로 골라 수련하는 사람을 말한다.

반면 수의사는 인턴 제도가 법적으로 정해져 있지 않다. 하지만 임상 경험 없이 진료를 볼 수 없기 때문에 보통 1~2년의 인턴 기간을 거친다. 취업한 곳에서 인턴 과정을 마친 뒤 대학원으로 진학해서 전문성을 더 갖추기도 한다.

병원에 취업할 때 개인 병원에서는 따로 시험을 치르지 않는다. 간단한 면접과 이력사항을 기준으로 수의사를 뽑는다. 한편 대학 병원에서는 전공 및 임상 과목을 평가하는 시험을 치르는 곳도 있다.

수의사로
살아간다는 것

지금부터 수의사들이 일하는 모습을 살펴보자. 여러분의 이해를 돕고자 이야기로 구성했으니 재미있게 읽어보자.

오늘은 ○○대학 수의학과 30회 동창회 날이다. 넓은 카페 한쪽 구석에는 소 선생, 말 선생, 닭 선생, 묘 선생, 견 선생 등이 먼저 자리를 잡고 이야기를 나누고 있다. 임상 수의사팀이다. 임상 수의학과 친구들은 서로 이름을 부르지 않고 자신이 치료하는 동물들의 이름을 붙여서 쓰고 있다. 소 선생은 소를 치료하는 수의사이고, 견 선생은 개, 묘 선생은 고양이를 치료하는 수의사이다.

소 선생이 오늘 새끼소를 받아낸 이야기를 하고 있다. 그 옆으로는 비임상 수의사팀들이 자신들이 개발한 약품과 연구들에 대해 이야기를 나누고 있다. 먼저 소 선생의 하루를 살펴보자.

대동물 수의사의 하루

소○○ 선생은 30년간 젖소들을 진료하는 대동물(산업동물) 수의사이다. 소 선생은 대관령에서 태어났다. 어린 시절부터 집에서 소를 키웠고, 다른 동물보다 소를 좋아했다. 수의학과에 들어간 이유도 어린 시절 집에서 키우던 소가 갑작스럽게 죽는 것을 목격한 뒤 소를 살리고 싶었던 꿈을 간직해서다.

"수의사야? 소 의사야?"

친구들이 농담처럼 묻는다.

"작고 귀여운 동물들 놔두고 왜 덩치가 큰 소를 치료하는 소 의사가 된 거야?"

다들 큰 동물을 치료하는 일이 힘들지 않느냐고 묻지만 소 선생은 소를 돌보는 일이 좋다. 소는 몸집이 커서 보기에는 무서워 보일지 몰라도 성격이 온순하다. 더군다나 몸이 아프면 더 얌전해진다. 물론 아주 드물게 고약하게 구는 소들이 있기도 하다. 그런 경우에는 소의 눈을 가리면 소가 온순해지고, 꼬리를 잡아서 하늘로 쳐들면 소가 잘 움직이지 못한다. 소 선생 눈에는 소가 세상에서 제일 예쁜 동물이다.

　물론 많은 이들이 대동물 수의사보다는 반려동물과 같은 소동물 수의사를 선호하고 직업 환경도 더 낫다고 말하지만, 소 선생은 대동물 수의사로 살아가는 자신의 삶에 만족한다.

　소 선생은 아침 6시면 집을 나선다. 그는 오늘도 파란 작업복을 입는다. 언제 어디에서 소를 만날지 모르니 늘 하얀 의사 가운이 아닌 파란 작업복을 입는다. 소 선생은 아침 일찍 운동을 하는 대신 소를 보러 간다.

　농장에 도착하니 부지런한 주인들이 벌써 소여물을 준비하고 있다. 시골 사람들은 아침 일찍 하루를 시작하고, 자신들 밥보다 소와 동물들의 밥을 먼저 챙긴다. 소들이 밥을 먹기 시작하자 소 선생은 멀찍이 앉아 소들의 상태를 관찰한다. 어느 소가 부지런히 먹는지, 잘 먹지 않는 소가 있는지, 서 있는 상태나 걷는 모습이 이상하지는 않은지.

　소는 겁이 많고 경계심이 많아서 눈치가 빠르다. 낯선 사람이 들어오면 금세 달아난다. 그렇기에 소를 관찰할 때는 거리를 두고 주인과 얘기를 하면서 소의 상태를 살펴야 한다. 이를 '망진'이라고 한다. 소 의사는 망진에 많은 시간을 쓴다. 소가 잘 걷는지, 먹이를 잘 먹는지, 등을 구부리고 있지는 않는지 등 소의 이상한 부분을 살펴보면서 소를 진단한다.

소 선생은 하루에 열 군데가 넘는 농장을 돌고, 150마리에 가까운 소의 상태를 점검한다. 소를 점검하는 일로만 하루가 다 갈 때가 있다. 물론 소 선생의 일이 이것만 있는 것은 아니다.

구제역(소와 돼지와 같이 발굽이 두 개인 동물에게 퍼지는 감염병)과 같은 전염병을 예방하는 일, 분만 관리, 수술 등 다양하다. 소 선생은 아직도 구제역이 유행했던 몇 년 전을 생각하면 등줄기가 오싹해진다.

"오늘도 무척 덥겠군!"

소 선생은 내리쬐는 뜨거운 해를 올려다보았다. 자신이 더운 게 문제가 아니라 소들이 걱정되었다. 더운 여름이면 소가 스트레스를 많이 받는다. 덥고 습해서다. 그래서 여름에 임신이 잘 안 된다. 소는 주로 봄이나 가을에 임신한다. 임신 기간은 270~290일 정도이며, 한 번에 1~2마리를 낳는다.

"선생님, 선생님!"

길 건너 농장 아들이 달려와서 소 선생을 찾았다. 소 선생은 아들이 거친 숨을 몰아쉬느라 아무 말도 하지 못했지만, 금세 무슨 일인지 알아차리고 몸을 일으켰다. 길 건너 농장에 사는 어미 소의 분만일이 오늘내일이었다.

농장에 도착해보니 소가 거의 죽을 상태로 새끼를 낳지 못한 채 신음하고 있었다. 소 선생은 30년 경력자답게 능숙하게 마취를 했다. 소의 배를 갈라서 새끼를 꺼내는 수술을 하려고 하는 게 아니었다. 손을 어미소의 자궁으로 깊이 넣어서 새끼의 다리에 밧줄을 메었다. 사람들은 놀란 눈으로 지켜볼 뿐이다. 소 선생의 신호에 맞춰 사람들이 밧줄을 잡아당겼다. 양수가 터지고, 소 선생 온몸에 양수가 튀었다. 소 선생은 개의치 않았다. 곧 '툭' 소리와 함께 어린 송아지가 바닥에 떨어졌다.

"아이고, 선생님, 선생님밖에 없다니까요!"

사람들이 최고라며 소 선생을 치켜세웠다. 소 선생은 갓 태어난 송아지를 바라보며 빙긋이 웃었다. 이렇게 새 생명을 받아내면 기쁘고 보람차다.

하지만 모든 직업이 그렇듯이 언제나 좋은 일만 있는 것은 아니다. 새 생명이 죽기도 하고, 오랫동안 보았던 소를 죽일 수밖에 없는 일도 생긴다. 정이 들어도 산업동물이다 보니 돈이 되지 않거나 진료비가 많이 들면 주인들은 소를 포기할 수밖에 없다. 소 선생은 그렇게 죽어가는 소에게 미안한 마음이 크다. 그래서 새끼가 태어나면 건강하게 잘 자라기를 마음속으로 빈다. 그리고 자신이 할 수 있는 일을 하겠다고 결심하곤 한다.

반려동물 수의사의 하루

견○○ 선생은 소동물 임상 수의사다. 서울 변두리에서 '행복한 동물병원'을 운영한 지 30년이 되었다. 행복한 동물병원에는 견 선생과 함께 개와 고양이를 좋아하는 간호사 선생님 한 분, 미용을 담당하고 있는 미용사 선생님, 이렇게 세 명이 일하고 있다.

오늘은 예약된 반려동물의 수가 여섯이다. 개 두 마리, 고양이 한 마리, 그리고 토끼, 햄스터, 도마뱀이다. 반려동물 시장이 커지면서 많은 이들이 다양한 반려동물을 키우기 시작했다. 30년 전만 해도 진료를 보는 동물은 대부분 개였고 아주 드물게 고양이가 병원을 찾았다. 지금도 여전히 개와 고양이가 많은 수를 차지하지만 토끼, 앵무새, 이구아나, 햄스터, 거북 등 다양한 반려동물을 키우는 사람이 많아지면서 여러 동물들이 병원을 찾는다.

병원을 개원한 지 얼마 안 된 겨울, 한 보호자가 품속에서 무언가를 꺼내며 울먹였다.

"선생님, 우리 애가 아픈 것 같아요. 어디가 아픈 건가요?"

햄스터였다. 견 선생이 처음 동물병원을 열었을 때 햄스터는 그리 흔한 반려동물이 아니었다.

햄스터는 축 늘어진 채 움직임이 없었다. 견 선생은 울먹거리는 보호자와 햄스터를 번갈아보며 아무 대꾸도 할 수 없었다. 사실 견 선생은 지금까지 햄스터를 진찰해본 적이 없었다. 더군다나 그 당시에는 인터넷도 잘 보급되지 않았고, 햄스터에 관한 책도 많지 않았다.

"어, 음, 우선 언제부터 이랬나요? 아니, 밥은 제대로 먹고 있나요?"

보호자는 햄스터가 사흘 전부터 음식을 먹지 않고, 축 늘어져 있다고 말했다. 견 선생이 배와 머리를 살짝 만졌지만 햄스터는 움직임이 없었다.

'이러다 잘못되면 어쩌지?'

견 선생은 괜한 걱정이 들기 시작했다. 만약 햄스터가 동물병원에서 죽게 되면 이제 막 개업했는데 안 좋은 소문이 돌 수도 있다는 생각까지 미쳤다. 그렇다고 아픈 햄스터를 그냥 돌려보낼 수는 없었다.

"보호자님, 사실 저는 햄스터를 오늘 처음 진찰해봅니다."

견 선생은 보호자에게 사실대로 털어놓고, 자신에게 진료받기를 희망한다면 며칠 동안의 증상을 세세히 적어달라고 부탁했다. 보호자는 잠시 망설이더니 증상을 세세히 기록했다.

"잠시만 기다려 주세요."

견 선생은 소동물 수의사로 일하고 있는 선배와 친구들에게 전화해서 햄스터의 증상을 문의했다.

"입안을 살펴봐. 입안 음식 저장 주머니에 염증이 생겼을 수도 있어."

가까운 동물원에서 근무하는 선배의 조언에 따라 견 선생은 햄스터의 입안을 자세히 살펴보았다. 햄스터 입안 음식 저장 주머니에 염증이 있었다. 고름이 가득했고, 냄새도 났다.

'아, 이래서 음식도 제대로 먹을 수 없었구나.'

견 선생은 보호자에게 햄스터가 아픈 원인을 설명했다.

"보호자님, 여기 좀 보세요. 여기 고름이 보이죠? 냄새도 나지요?"

그렇게 염증 치료를 한 햄스터는 기적적으로 살아났다.

"선생님, 감사합니다. 정말 감사합니다."

그 뒤 햄스터 보호자는 가끔씩 병원에 들러 햄스터가 어떻게 지내는지 안부를 전하며, 오고 가는 사람들에게 병원 자랑을 했다.

견 선생은 햄스터 첫 진료 후 자신이 얼마나 무지했는지 깨달았고, 너무 편하게 수의사 생활을 하려고 했던 건 아니었는지 반성하게 되었다. 그 뒤 햄스터, 토끼, 자라, 앵무새, 뱀 등 다양한 반려동물에 대한 공부를 시작했다. 자료가 많지 않아서 힘들기도 했지만 열심히 공부한 덕분에 여러 반려동물을 적절하게 치료할 수 있게 되었다. 그렇게 행복한 동물병원은 다양한 반려동물을 잘 치료하는 병원이라는 입소문이 나기 시작했다.

견 선생은 이젠 특수반려동물을 주로 진료하고 있으며, 이 분야 전문가로 자리를 잡았다. 고슴도치, 도마뱀, 악어 등과 같은 이색동물은 많은 사람들이 기르지는 않지만 그들 역시 소중한 생명이다. 견 선생은 그러한 생명을 살리는 자신의 직업에 보람을 느끼며 하루하루를 살아가고 있다.

야생동물 수의사의 하루

야생동물 수의사는 다양한 곳에서 활동하고 있다. 하지만 우리 주변에서 쉽게 찾아볼 수 있는 직업은 아니다. 곳곳에서 활약하고 있는 다양한 야생동물 수의사들의 하루를 각각 살펴보자.

야생동물원의 하루

따르릉 소리가 들린다. 응급상황이다. 야생동물 수의사인 김하나 씨가 전화를 받고 달려나간다. 이곳은 우리나라 최대 야생동물원 모모랜드다. 우리나라에서 면적이 가장 큰 동물원이자, 야생동물 개체 수도 가장 많은 곳이다. 야생동물 수의사들은 등산화에, 편하고 가벼운 옷차림으로 근무한다. 언제든지 자유롭게 움직일 수 있어야 하기 때문이다. 호출을 받고 달려간 곳은 포유류가 모여 있는 양의 우리였다. 양 한 마리가 무리에서 벗어나 바들바들 떨면서 몸을 제대로 가누지 못하고 있었다.

양은 신경계 쪽에 문제가 생겼을 때 나타나는 증상을 보이고 있다. 눈으로 봐서는 원인을 알 수 없어 곧바로 검사를 시작했다. 검사를 시작하기 전 양은 소변까지 지렸고 한쪽 다리는 뻣뻣해졌다. 체온, 눈과 입 등을 검사하고, 항생제와 수액을 투여했다.

우선 다른 곳으로 이동하지 않고 응급처치를 계속했다. 야생동물들은 현장에서 검사하는 것이 원칙이다. 동물들이 병원을 오가면서 스트레스를 심하게 받을 수 있기 때문이다. 응급처리를 하고 경과가 좋아지기를 바랐지만 양의 증상은 나아지지 않았다. 하는 수없이 입원치료를 결정했다. 비어 있는 입원실을 확인하고, 양을 입원실로 이동시킨다.

동물원은 오랜 세월 동안 여러 형태로 존재해왔다. 고대

이집트 왕국, 초기 수메리안 통치자들은 사냥해온 여러 종류의 동물을 사육하고 가축화(인간이 생활에 이용하기 위하여 들짐승을 집짐승으로 길들임)했다. 현재 세계 곳곳에 동물원이 있고 국내에도 수족관을 포함해 20여 개의 동물원이 있다. 야생동물들이 야생이 아닌 동물원에서 살아가는 것에 비판적인 시각도 많지만, 동물원에 야생동물이 있는 한 야생동물을 치료할 동물원 수의사는 존재한다.

동물원 야생동물 수의사는 야생동물의 건강을 살피고 치료하는 일뿐만 아니라 야생동물의 분만을 도와서 야생동물 개체 수를 늘리고, 다른 동물원과의 야생동물들을 교환, 이동까지 계획한다.

야생동물 구조센터의 하루

이곳은 야생동물 구조센터다. 야생동물 구조센터는 각종 질병 및 부상을 입은 야생동물을 구조하고 치료하는 기관이다. 야생동물의 재활을 돕고, 자연 생태계를 보호하고 인간과 동물이 공존할 수 있는 환경을 만들기 위해 교육하기도 한다. 이 기관에서 야생동물을 치료하고 재활을 돕는 이들이 바로 야생동물 수의사와 재활사들이다.

동물이 도로에 나왔다가 자동차 등에 치여 죽는 일을 로드킬이라고 한다. 한 해에 로드킬로 얼마나 많은 야생동물이 죽어가고 있을까? 로드킬뿐만 아니라 야생동물이 다치는 원인의 70% 이상이 직간접적으로 인간이 미치는 영향 때문이다. 인간이 만든 건축물의 유리창, 도로의 전선 등이 야생동물을 다치게 만드는 요인들이다.

야생동물 수의사 최 박사는 도로에서 긴급 구조된 동물들을 치료하고 있다. 오늘도 어김없이 고라니가 실려 왔다. 최 박사는 고라니 입에 입마개를 씌웠다. 고라니가 낯선 상황에 당황해서 날뛰는 것을 막기 위해서다. 최 박사가 고라니의 체중과 몸 상태를 살핀다. 고라니는 차에 치여 다리를 다쳤다. 곧 마취를 하고 정확한 진단을 하기 위해 엑스레이 촬영을 한다.

진단 결과 왼쪽 뒷다리가 완전히 부러진 것을 확인했다. 뒷다리를 절단해야 할 상황이다. 검사 후 바로 수술이 이어졌다. 2차 감염을 막기 위해 재빨리 수술에 들어가는 것이 중요하다. 수술은 한 번에 끝나지 않고 여러 차례 이뤄지기도 한다. 검사부터 수술까지 오랜 시간이 걸린다. 수술을 받다가 마취가 풀린 야생동물이 울부짖기도 한다. 이럴 때 야생동물 수의사는 침착하게 수술을 진행해야 한다.

야생동물을 수술할 때는 수의사가 마음대로 결정하는 것이 아니다. 치료 매뉴얼을 따라야 한다. 치료 매뉴얼은 생명을 유지하는 차원이 아니라, 야생동물이기에 야생에 돌아갔을 때 원래 살았던 상태 그대로 살 수 있느냐 없느냐를 판단해 결정하도록 한다. 절단 수술의 경우도 절단된 부분이 없이도 야생에서 살아갈 수 있다고 판단하면 절단 수술을 결정할 수 있다. 야생동물 수의사는 야생동물을 올바로 치료하고 재활하기 위해 해당 야생동물에 대한 깊은 이해뿐만 아니라 생태학적 지식도 필요하다.

아픈 야생동물을 발견했다면 어떻게 해야 할까? 바로 야생동물 구조센터로 연락하면 된다. 야생동물 발견 시 가장 중요한 것은 야생동물 구조전문가에게 알리는 것이다. 그래야 적절한 치료를 받고 생명을 구할 수가 있다. 야생동물 구조센터나 해당 시군에 당직실로 연락해서 구조를 요청하면 된다. 부득이 직접 구조를 할 경우에는 주의사항을 참고하여 구조자나 야생동물 모두가 안전한 방법으로 구조한다.

수리부엉이, 고라니, 남생이 등 매일 다양한 야생동물이 긴급한 구조를 기다린다. 야생동물 수의사는 하루에도 몇 차례 수술을 해서 야생동물을 살리기도 하지만, 야생동물이 야생에서 살아갈 수 없을 정도일 때에는 안락사를 시키기도 한다. 야생동물이 나가서 야생에서 겪을 고통을 최소화하는 것 역시 야생동물 수의사의 숙명이다. 야생동물 수의사와 재활사는 야생동물의 구조 및 치료, 재활뿐만 아니라 야생동물 질병, 전염병 연구에 힘써야 한다. 또한 일반인들이 야생동물에 대해 더 잘 알고 야생동물과 자연생태계 보호에 참여할 수 있도록 교육 프로그램을 개발하기도 한다.

검역원에서 일하는 검역관의 하루

최○○ 씨는 국립수의과학검역원의 검역관이다. 사람들은 그의 직함을 들어도 무슨 일을 하는 사람인지 잘 모른다. 수의학과를 나온 수의사라고 하면 더욱 고개를 갸웃거린다.

국립수의과학검역원에는 수출입 축산물의 검역과 축산물 위생 업무를 담당하는 축산물검사부, 구제역이나 광우병 등 전염병 방역 업무를 총괄하는 방역부, 전염병 방역 기술 개발 등 연구 업무를 질병연구부로 구분된다.

국립수의과학검역원의 검역관은 공항이나 항만을 통해 수출, 수입되는 모든 동물 및 축산물을 검역·검사한다. 반려동물과 함께 해외로 나간 경험이 있는 사람, 동물이나 축산물 관련 회사 직원, 축산물 수출입 업자라면 검역관이 어떤 일을 하는지 알고 있을 것이다.

검역관은 농림부 수의직 중앙 공무원이다. 수의직 검역관은 수의사 면허를 가지고 수의직 공무원 시험에 합격해야 검역관으로 일할 수 있다. 직업적 안정성이 보장된다는 장점이 있기 때문에 경쟁이 치열한 편이다.

검역관 최○○ 씨가 처음 검역관으로 근무했던 곳은 인천항이다. 인천항에는 하루에도 100여 건이 넘는 축산물 민원이 넘쳐난다. 인천 관내에만 30여 개의 축산물 보관 창고가 있고, 각각 고층빌딩만 한 크기다. 엄청난 양의 축산물을 보관하고 관리한다. 서류 검토, 현물 검사, 정밀 검사 의뢰, 역학 조사 등 일은 계속 밀려든다. 수입 · 수출되는 모든 동물 및 생산물, 축산물 등은 반드시 검역원장이 지정 · 허가한 장소인 '검역 시행장'에서 검역을 실시해야 하기 때문에 검역관은 수입 · 수출되는 모든 동물, 축산물 등을 검사한다.

항공화물로 국내로 들어오는 동물 및 축산물의 검역은 화물을 내리기 전에 검역관이 항공기에 탑승하여 '선기상 검사'를 한다. 안전하다고 판단되면 그때 땅 위에 내린다.

선박으로 들어오는 동물 및 축산물 검역도 동일하다. 배가 부두에 들어오기 전에 '선기상 검사'를 위해서 배를 타고 나가서 해당 선박에 승선해 소독 등 방역 조치를 취하고, 개체 임상 검사를 끝낸 뒤 땅 위에 내린다.

오랜 시간 항공이나 선박으로 이동한 동물 및 축산물을 지치고 스트레스로 예민해진 경우가 많기 때문에 이런 점도 알고 있어야 한다.

검역은 제2의 국방이다. 검역관은 처음부터 끝까지 완벽하게 검역·검사해야 한다. 어떤 예외를 묵인하거나 인정을 베풀면 안 된다. 여행지에서 햄이나 소시지 등의 육류제품과 생과일 등을 가져오는 여행객들이 있다. 검역 기준에 따라 규제하는 물품은 어떠한 사연이 있어도 절대 받아들이면 안 된다. 광우병, 구제역 등 무서운 전염병으로 번질 수 있기 때문이다.

검역관은 검역 탐지견과 함께 검역을 하기도 한다. 엑스레이뿐만 아니라 탐지견을 통하여 불법 휴대 축산물을 검출한다. 또한 검역관은 '가축방역특별사법경찰관'으로 활동하며 가축전염병예방법의 적절한 집행과 처분을 위해 해당 관할 검찰청으로부터 법이 규정하는 범주 내에서 조사하고 수사하는 등의 일정 권한을 위임받는다.

수의직 검역원은 질병의 진단 기술 개발 및 진단액 생산, 백신 개발과 같은 예방 기법 개발을 목적으로 질병 연구를 하기도 한다.

국제 교류가 활발해지면서 입출국 승객을 비롯해 동물, 식물, 축산물의 수출입이 점차 늘고 있다. 2020년 코로나19 바이러스가 출현해서 전 세계에서 유행했는데, 검역 업무는 이런 전염성이 있는 병균이나 바이러스로부터 국민과 국내 산업을 보호하는 일이므로 앞으로 더 중요해질 것으로 전망된다. 이와 관련된 업무량이 늘어나면서 검역관의 수요도 점차 늘어날 것이다.

수의사로 미래를
살아갈 수 있을까?

수의사는 미래 일자리 전망과 발전 가능성이 좋은 직업 중의 하나다. 국제 교류가 활발해지면서 각종 전염병이 유행하면서 보건·의료 관련 직업으로서 전망은 높은 편이다. 코로나19, 조류인플루엔자, 광우병 등 전염병은 국민들의 건강뿐만 아니라 경제에도 미치는 영향이 크므로 예방과 방역 작업을 위한 인력 수요가 증가할 것으로 보인다.

또한 먹을거리에 대한 관심이 높아지면서 안전한 축산물 공급을 위해 위생관리를 담당하는 수의직 공무원이 증가할 가능성이 있다. 가축 위생, 방역, 사료회사, 제약회사, 식품 제조업체, 환경위생관련 공무원 등 다양한 분야로 직종을 넓히면 취업 전망이 좋다.

해마다 반려동물의 수가 늘고 있다. 현재는 반려동물 임상 수의사 미래가 밝아 보이지만 실상은 그렇지 않다. 한 해에 대학의 수의학과에서 약 600여 명의 수의사 중 반려동물병원을 개업하려는 경우가 많아 수의사 간에 치열한 경쟁이 벌어지고 있다. 특히 대도시에는 이미 동물병원이 많이 있기 때문에 개인의 능력에 따라 전망이 달라진다.

반면 특수동물의 특정 질병에 대한 진단과 치료에 대한 수요를 충족시킬 수 있는 전문 분야 수의사는 부족하다. 무조건 반려동물 임상 수의사가 아니라 자신의 관심과 적성을 알고, 산업동물, 야생동물의 임상과 검역, 수의 축산 정책, 공중 보건, 전염병 연구, 동물 약품 개발, 야생동물 진료 및 연구, 생명공학 및 기초 의학 연구 등의 영역으로 진로를 넓게 생각해보는 것은 어떨까?

수의사의 직업 전망은 어떨까?

수의사의 직업적 전망에 대해 교육부 커리어넷 자료서는 다음과 같이 설명하고 있다.(한국의 직업지표, 2014)

- 다른 직업과 비교하여 임금이 낮은 편이나, 복리후생은 매우 높은 편이다.
- 일자리의 창출과 성장이 활발하나 취업경쟁은 심한 편이다.
- 정규고용과 고용유지의 수준이 높아 고용이 안정적인 것으로

나타났다.

- 자신의 능력을 계속 개발하여야 하며 능력에 따라 승진 및 직장 이동이 자유로운 편이다.
- 근무시간이 규칙적이고 물리적인 환경이 쾌적하나 일정 수준 정신적 스트레스가 있는 것으로 나타났다.
- 높은 수준의 전문지식을 갖추어야 하며 진단 및 치료에서 자율성과 권한이 매우 큰 것으로 나타났다.
- 사회적으로 평판이 좋고 사회에 대한 기여도나 소명의식 또한 높은 것으로 나타났다.
- 성별, 연령에 따른 차별이 거의 없는 편이다.

한국직업정보에서 수의사에 대한 직업만족도를 측정한 결과 75%가 만족했다. 또한 수의사는 향후 10년간 일자리가 증가할 것이라고 전망하고 있다.

드넓은 수의사의 세계

수의사는 산업동물인 소나 말 외에 닭, 어류 분야에서도 일할 수 있지만, 다양한 분야에서 비임상 수의사로 일할 수 있다. 바로 동물 약품 개발자나 기술 지원 마케팅 매니저 분야, 수의 장교 등이다.

❶ 동물 약품 개발자

동물 약품 개발자는 동물 약품 제조회사에서 연구 개발자로 일한다. 국내 최초, 세계 최초의 제품을 개발할 수도 있으며, 백신이나 치료제, 진단 키트를 개발해서 전염병을 효과적으로 막을 수도 있다.

동물 약품 연구는 여러 학문을 조합하고 응용, 적용할 수 있는 매력적인 학문이다. 동물 약품 회사에서 연구를 수행하려면 연구에 집중할 수 있는 집중력과 결과가 나오기까지 기다리는 인내심이 필요하다. 또한 동물 약품 회사에서는 일반적으로 축산 농가를 위해 임상 병리 센터를 운영하기 때문에 농장주와 유대관계를 잘 이어가기 위한 친화력도 필요하다.

❷ 기술 지원 마케팅 매니저

기술 지원 마케팅 매니저로 일할 수도 있다. 기술 지원 마케팅 매니저는 자사의 제품을 동물 약품 판매점에 소개하고, 농장에서 질병 처치 및 약품 사용에 있어서 문제가 있을 때 이를 해결해주고, 주요 질병 관리 및 농장의 생산성을 향상시킬 수 있는 다양한 방안을 제시하는 일을 한다.

다국적 기업의 기술 지원 마케팅 매니저가 되기 위해서는 무엇보다 영어 실력이 뛰어나야 한다. 학회나 박람회 참관이나 외국 지역 담당자 미팅과 같은 출장이 자주 있기 때문이다. 또한 영어로 브리핑을 해야 할 때도 있으므로 영어는 필수다. 국내 출장이 잦기 때문에 체력적으로 체력 관리를 철저하게 해야 한다.

❸ 수의 장교

수의 장교는 군 소속으로 군에서 군용 동물, 군마와 군견에 대한 진료와 치료를 우선적으로 하면서 군의 식품 검사, 수질 검사, 축산물 검사, 전염병 예방 등과 같은 공중보건학적인 측면에서 업무를 더 많이 하는 직종이다. 그렇기에 각 업무마다 분야별 기관의 법령과 규정을 잘 인지해야 한다.

수의 장교 임무 중에는 해외파병 업무도 있다. 수의 장교가 되려면 대학 졸업 예정자로 수의사 면허를 취득한 후 수의 장교 모집 기간에 지원해 건강검진과 체력검사에 합격해야 한다. 매년 30~35명을 선발한다.

2장
반려동물 미용사
마스터플랜

반려동물 미용사는
어떤 직업이지?

반려동물 미용사는 반려동물의 미용을 담당하는 직업이다. 애견 미용사로도 불린다. 반려동물의 미용은 단순히 반려동물의 털을 예쁘게 다듬고 가꾸는 데에 그치지 않고, 반려동물의 건강까지도 관리한다. 미용을 하는데 어떻게 반려동물의 건강까지 관리할 수 있을까? 미용을 통해 반려동물의 몸 상태를 확인할 수 있기 때문이다. 푸들, 콜리, 요크셔테리어와 같은 긴 털을 가진 품종은 털을 잘 관리하지 않으면 피부질환이 생길 수 있다.

반려동물 미용사는 각 견종들의 특성을 이해하고, 미용을 통해 반려동물의 몸 상태를 확인하며, 적절한 건강 정보를 알려주어 보호자가 조치를 취할 수 있도록 반려동물의 건강을 전반적으로 관리한다. 애완동물의 미용과 청결을 담당하는 반려동물 미용사가 하는 일을 구체적으로 알아보자.

- 보호자와 상담하여 커팅 모양, 장식 모양 등을 결정하고, 건강 상태와 털 상태를 검사한다.
- 반려동물의 청결과 건강 관리를 위해 털을 다듬고 빗질하기, 목욕시키기, 귀 청소, 눈·귀·발톱 손질 등 기본미용(그루밍; grooming)을 한다.
- 반려동물의 미용을 위해 털을 깎고, 발바닥, 발등, 항문 주위, 배 주위의 털을 뽑거나 짧게 깎아 주는 전신미용(트리밍; trimming)을 한다.
- 미용대회나 반려동물 박람회 등에 출전하기 위한 아트 미용 및 기타 미용을 한다.
- 정기적으로 반려동물의 보호자에게 이벤트 등 사후 관리업무를 제공한다.
- 미용 기구를 정돈, 작업장을 정리한다.

미용 관련 업무

① 털 말리기

강아지의 경우 목욕 후 드라이를 하지 않으면 습기 때문에 냄새가 나기도 하고, 피부가 짓무르기도 한다. 그렇기에 목욕 후 바로 드라이를 해야 한다. 하지만 보통 개들은 뜨거운 바람을 싫어하기 때문에 도망가려고 발버둥친다. 개들의 이런 특성 때문에 빠른 시간 안에 능숙하게 드라이를 끝내야 한다. 강아지 얼굴에 바람이 향하지 않도록 하고, 털이 활짝 펼쳐지도록 말린다. 드라이를 할 때는 강아지 피부 속에 피부질환이 있는지 확인하는 것도 중요하다. 드라이를 하는 방식도 매뉴얼이 있기 때문에 인터넷 영상 등을 보며 다양한 방법으로 연습해보아야 한다.

② 기본미용(그루밍)

그루밍은 반려동물의 기본미용에 해당되며 털 자르기, 목욕시키기 등을 포함한다. 브러시로 털을 쓸어주면서 입, 눈, 귀, 다리 등 반려동물의 각 부분을 손질하는 행위를 말한다. 기본미용은 미용보다는 질병예방 차원에 해당된다.

③ 전신미용(트리밍)

'장식하다'라는 뜻을 지닌 트리밍은 기본미용보다는 좀 더 미적인 요소를 포함하는 미용이다. 반려동물 미용 방법 중 가장 많은 부분을 차지하고 있어 반려동물 미용사를 '트리머'라고 부르기도 한다.

④ 털 묶기(랩핑)

털 묶기라고 불리는 랩핑은 끈이나 핀 등으로 반려동물의 털을 묶는 것을 말한다. 주로 털이 긴 말티즈, 요크셔테리어 등을 관리하는 방법으로, 사료나 물을 먹을 때 털이 더러워지지 않게 묶는다. 개의 운동성과 관절을 고려해서 묶어야 한다.

⑤ 가위질하기(시저링)

가위질을 뜻하는 시저링은 가위로 털을 관리하는 것을 말한다. 자동기기를 사용하는 털 깎이보다 좀 더 전문성이 요구된다. 트리밍 영역에 속한다. 시저링은 가위질이기에 개의 신체 일부를 다치게 할 수 있다. 시저링은 숙련된 기술을 필요로 한다.

⑥ 항문낭 짜기 및 건강 점검하기

반려동물 미용사가 하는 일 중에 반려동물의 항문 주위에 주머니처럼 붙어 있는 항문낭 짜기가 있다. 항문 주변에는 기생충이나 배변 찌꺼기가 있는 경우가 많아서 평소 청결하게 관리해야 한다. 미용사는 항문 주위의 오염물을 제거하고, 엉덩이 부분을 미지근한 물로 씻기고 드라이로 말려준다. 그 외 다른 신체 부위의 건강을 점검한다.

직업의 특징과 요구 능력

첫째, 동물에 애정이 있는가?

반려동물 미용사는 반려동물 관련 직종과 마찬가지로 기본적으로 동물을 사랑하고, 그들과의 교감을 통해 보람을 느낄 수 있어야 한다. 반려동물에 대한 애정이 없다면 반려동물을 미용할 때 보람을 느끼기 어렵다.

둘째, 예술적 감각이 있는가?

동물의 특색에 맞게 미용을 해줄 수 있는 눈썰미와 미적 감각이 요구된다. 홀랜드 직업성격유형 중에 예술형에 속하는 사람에게 적합하다. 예술형은 자유롭고 틀에 얽매이지 않는 유형으로 자신을 표현하기를 원한다. 독창성, 창의성, 자유로움과 개방성을 중시하고, 감정이 풍부하고 미적 감각이 뛰어나 늘 새로운 것을 추구하는 편이다.

셋째, 도구나 기계를 다루는 것을 즐기는가?

반려동물 미용사는 가위, 빗 등 미용 도구나 기계를 다뤄야 하기 때문에 도구나 기계를 다루는 일을 즐기는 사람이 유리하다. 홀랜드 직업성격유형 중에 현실형에 적합하다. 현실형 사람들은 기술적인 분야에서 유능감을 개발하려고 애쓴다. 실질적이고 사물 중심적인 작업을 좋아하고, 추상

적이고 관계 지향적인 일에 가치를 두지 않는 경향이 있다.

넷째, 강인한 체력과 인내심이 있는가?

반려동물 미용은 짧게는 40분, 길게는 2~3시간이 소요되기도 한다. 장시간 서서 근무하기도 하고, 사납거나 덩치 큰 동물들을 다뤄야 하기 때문에 강인한 체력이 필요하다. 반려동물의 사후관리를 지속적으로 해야 하고, 미용기구 세척과 청소, 정리정돈 등 자잘한 업무들도 많아서 인내심도 요구된다.

다섯째, 의사소통을 잘하는 사교적인 성격인가?

반려동물 미용사는 동물 보호자와 주로 소통하므로, 보호자가 원하는 바를 잘 파악하고, 응대를 잘할 수 있는 사교적인 성격이면 좋다. 동물병원에서 일할 경우 수의사, 간호사 등 다양한 사람들과 함께 일하기 때문에 의사소통이 원활해야 한다.

반려동물 미용사에게 궁금해요!

Q. 일할 수 있는 기관은 어떤 곳인가요?

반려동물 미용사는 주로 펫샵이나 펫샵이 연계된 동물병원의 직원으로 근무한다. 어느 정도 경력이 쌓이면 개인 펫샵을 내기도 한다. 작은 동물병원에서는 1~2명의 미용사가 상주하면서 단독으로 업무를 하고, 규모가 클 경우 더 많은 인원의 미용사가 근무하기도 한다.

Q. 어떻게 전문성을 높일 수 있나요?

반려동물 미용사로서 전문성을 높이기 위해서는 반려동물에 대한 특성에 대해 지속적인 학습이 필요하다. 전문서적이나 연수 등을 통해 새로운 커팅 스타일과 유행하는 스타일 등을 공부하면 전문성을 높일 수 있다.

Q. 자격증을 딴 뒤에 바로 펫샵을 열어도 되나요?

자격증 취득 후 바로 펫샵을 차릴 수 있다. 하지만 바로 개인 매장을 운영하기보다는 다른 펫샵이나 동물병원의 직원으로서 애견미술 기술, 고객 응대법, 사업장 운영법 등을 경험하는 것이 더욱 바람직하다. 대도시의 경우 반려동물 미용 관련 시설의 경쟁도 치열하고, 매장을 오픈한 뒤 입소문이 나기까지 시간이 오래 걸리고, 그 기간 동안 매출이 적기 때문이다.

반려동물 미용사가
되기까지

어디에서 공부해야 할까?

반려동물 미용사가 되기 위해서는 고등학교 또는 대학교의 애완동물과, 동물산업과, 동물자원학과 등에 입학하여 동물 미용과 관련된 교육을 받을 수 있다. 반려동물 전문교육기관은 고등학교부터 대학교까지 전국에 40여 곳이 된다.

고등학교, 대학교 전공 과정 외 기업 부설 평생교육기관에서 반려동물관리전공, 애완동물관리전공을 이수하거나 애견미용 학원과 같은 민간 훈련 기관에서도 반려동물 미용사가 되기 위한 훈련과 교육을 받을 수 있다.

고등학교 과정

국내 동물 관련 고등학교가 17곳이 있다. 그중 반려동물 관련 고등학교에 대해 알아보자.

전국 반려동물 관련 고등학교와 전공

고등학교	전공
한국펫고등학교(경북), 유성생명과학고등학교(대전), 전주생명과학고등학교(전주), 울산산업고등학교(울산)	반려동물학과 (과정)
고양고등학교(경기), 광주자연과학고등학교(광주), 수원농생명과학고등학교(경기)	애완동물관리과 (전공)
대구보건고등학교(대구)	반려동물케어과
김해생명과학고등학교(경남)	동물산업과
발안바이오과학고등학교(경기)	레저동물산업과
영서고등학교(강원), 천안제일고등학교(충남), 청주농업고등학교(충북), 홍천농업고등학교(강원)	동물자원과

한국펫고등학교

반려동물에 대한 기본적인 소양과 기능을 바탕으로 체계적이고 효과적인 이론 및 실습교육을 통하여 기술을 습득하고 직업기초능력을 길러 반려동물을 관리, 미용, 사육할 수 있는 전문인력을 양성하고 있다. 교육 과정은 농업기초기술, 반려동물관리, 사무관리, 동물지원, 애완동물관리기술, 애완동물사육, 수의보조, 애완동물 미용 등이다. 반려동물 미용사, 반려동물 훈련사, 반려동물 사육사, 반려동물 행동교정사 등의 자격증을 취득할 수 있다. 농업직공무원, 승마산업, 펫보호소, 축산산업, 반려동물 행동교정사, 펫조련사 등으로 취업 가능하다. 반려동물과는 학년당 1학급이며, 24명 정원이다.

유성생명과학고등학교

대전에 있는 고등학교 가운데 유일하게 반려동물 관련 직업교육을 하고 있다. 유성생명과학고는 반려동물관에서 동물복지, 실무중심 교육활동 등 체계적이고 특성화된 직업교육을 통해 신성장 바이오 분야 인력을 양성할 계획이다. 반려동물 운동장, 실내 사육실, 격리실 외 지상 2층의 반려동물관을 갖추고 있다. 반려동물관에는 반려동물 미용실, 드라이실, 사육실, 목욕실, 바이오 실습실, 동물자원실습실, 매장실습실 등이 있다.

주요 교과 내용으로는 반려동물관리, 반려동물미용, 동물 자원 및 경영 관리 관련 지식과 기술을 배우고, 반려동물미용사와 축산기능사 자격증 등을 취득할 수 있다. 반려동물학과정은 생명과학과에 있으며 학년당 1학급, 정원은

20명 안팎이다.

전주생명과학고등학교

전주생명과학고등학교에는 생명자원과에 반려동물과정
이 있다. 교육 과정은 동물자원, 중소가축관리, 가축관리실
무, 가금사육, 반려동물관리, 애완동물사육, 대가축관리 등
이다. 축산, 반려동물 미용사, 반려동물 훈련사, 핸들러 자
격증을 취득할 수 있다. 2006년 전국 최초의 학교 부설 애
견훈련학교를 개교하여 운영하고 있으며, 학생들의 애견훈
련 실습 교육을 강화하고 지역주민들의 훈련견 위탁사업을
운영하는 등 다각적인 노력을 하고 있다. 학년당 1학급이
며, 정원은 20명이다.

울산산업고등학교

교육부 주관 '2020 직업계고 재구조화 사업'에 선정되어
반려동물과를 신설했다. 반려동물과는 농생명산업계열 과
정에 있으며, 2021년부터 신입생을 모집해 수의간호보조
원(동물보건사), 애견 미용사(동물 스타일리스트), 반려동물
관리종사원 등 전문인력을 양성한다. 교과 내용은 농산물
유통관리, 동물자원, 반려동물관리기술, 애완동물미용, 수
의보조, 반려동물행동교정, 성공적인 직업생활, 농업정보

관리, 농업기초기술, 농업이해를 배운다. 반려동물 스타일리스트, 반려동물 관리사, 반려동물 행동교정사, 반려동물 장례코디네이터, 펫뷰티션, 펫매니저, 반려동물 식품관리사, 반려동물매개 심리상담사의 자격증을 취득할 수 있다. 학년당 1학급이며, 정원은 20명이다.

고양고등학교

애완동물관리과가 있는 국내 최대 애견 특성화고등학교이다. 전국 최고의 실습시설과 장비를 갖춘 교육 환경 아래 전문인 양성을 목표로 애견미용과정, 애견훈련과정, 애완동물의 관리 및 사육을 배운다. 애완동물 관리사, 애견 미용사, 애견 훈련사, 핸들러, 축산기능사, 가축인공수정사 자격을 취득할 수 있다. 학년당 2학급이 있으며, 정원은 44명이다. 지역 중학생 대상으로 애완동물 및 애견훈련 체험 프로그램을 운영하고 있다.

광주자연과학고등학교

광주자연과학고등학교에는 애완동물과가 있다. 펫패션실, 애견미용실, 애견호텔, 애묘실, 소동물실, 수의축산실, 사료생산실, 베란다, 훈련장으로 구성되어 있다. 국가공인 축산기능사와 인공수정사 자격증을 취득할 수 있으며, 민간 자격으로는 애완 미용사, 애견 훈련사, 반려동물 관리사, 반려동물 장례지도사를 취득할 수 있다. 학교에 있는 작은 동물원에서 반려동물, 반려묘, 관상조, 관상어, 친칠라, 햄스터 등 100여 마리의 동물들이 생활하고 있다. 학년당 1학급이며, 정원은 20명 안팎이다.

수원농생명과학고등학교

개교 80년이 넘은 수원농생명과학고등학교는 규모가 6만 평이 넘어 일반 대학 캠퍼스만큼 크다. 반려동물 산업 분야의 인재 양성을 목표로 애완동물관리기술, 반려동물관리, 애완동물미용, 곤충산업 등을 배운다. 축산 기능사, 애견 훈련사, 애견 미용사, 반려동물 관리사, 핸들러, 수의 테크니션(동물병원 등에서 수의사를 도와 진료하거나 각종 검사를 담당하는 직업), 반려동물 장례지도사, 동물매개치료사 등의 자격을 취득할 수 있다. 수원농생명과학고등학교 애완동물 전공 과정에서는 벅스매니아라는 동아리가 개설되어 있다. 1학급이며, 정원은 20~30명 안팎이다.

대구보건고등학교

교내에 반려동물케어를 위한 다양한 전문교육 실습실이 구축되어 있으며, 학생들의 반려동물 1인 창업을 위한 다양한 교육 프로그램도 있다. 교육 과정은 반려동물관리, 공중보건 등 기초과목과 동물 미용(염색), 수의보조(간호, 재활훈련) 등 실무과목으로 구성되어 있다. 애견 미용사, 동물 간호사, 애견 훈련사, 패션 디자이너, 축산기능사, 핸들러, 동물 상담가, 펫코디네이터, 반려동물 장의사, 애니멀 커뮤니케이터, 반려동물 관리사, 반려동물 행동교정사, 반려동물 매개치료사, 반려동물 식품관리사 등의 관련 자격증을 취득할 수 있다. 대형 동물병원 60여 곳을 비롯해 지역 반려동물 유관 업체 등과 MOU를 맺어 전문 취업처를 확보하고 있다. 학년당 2개 학급으로 정원은 42명이다.

김해생명과학고등학교

2012년 산업계 수요를 반영하기 위해 학과를 개편했다. 동물산업과는 애견사육실습장, 실내마장, 애완동물사육실습장, 관상조류사육장을 갖추고 있으며, 마필관리와 가축관리 실무, 애견 미용 기술, 관상조류 사육, 관상어 관리 등을 배운다. 축산기능사, 식품가공기능사, 애완동물 관리사, 애견 미용사, 애완동물 장의사, 마필관리 지도사 등 관련 자격증을 취득할 수 있다. 특히 반려동물 관리 분야는 경상남도 내 특성화고 중 유일하다. 학년당 2개 학급으로 정원은 40명이다.

발안바이오과학고등학교

2008년 3월 바이오-레저 분야 특성화 학교로 지정됐다. 레저동물산업과는 마필관리, 승마, 애완동물관리(미용, 핸들링, 훈련) 등의 전문지식과 기술을 습득하여 레저동물산업 분야의 전문가로 활약할 수 있는 인재 양성을 하고 있다. 축산기능사, 마필관리사, 생활체육 지도사(승마), 애견 미용사, 핸들러 및 훈련사 등의 자격을 취득할 수 있다. 학년당 1개 학급으로 정원은 26명이다.

대학교 과정

대학에도 반려동물과 관련된 학과가 있다. 학과로는 반려동물산업학과, 반려동물과, 애완동물과, 애완동물관리과 등이 있으며, 졸업 후에 반려동물과 관련된 다양한 직종에서 일할 수 있다.

원광대학교 반려동물산업학과는 동물매개치료와 동물행동상담, 동물간호 및 실험동물 관련 전문가 양성을 목표로 개설된 학과이다.

이곳에서 공부를 하면 학기 중에 전공 교과를 이수하여 동물매개 심리상담사와 동물행동상담 등의 자격증을 취득할 수 있으며, 수의학과로 학사 편입도 가능하다.

동물원 사육사, 반려동물 미용사, 반려동물 훈련사로 일할 수 있을 뿐만 아니라, 동물매개 심리상담사, 동물행동 상담사, 동물 간호사, 실험동물 기술원으로 일할 수 있다.

반려동물 관련 대학교와 전공

대학교	전공
원광대학교	반려동물산업학과
부산여자대학교, 서라벌대학교	반려동물과
대전과학기술대학교, 서정대학교	애완동물과
수성대학교, 혜전대학교	애완동물관리과
신구대학교	애완동물전공
우송정보대학교	애완동물학부
중부대학교	애완동물자원학정보
동아보건대학교	애완동물관리전공

*출처: 커리어넷

반려동물 미용사 자격증

반려동물 미용사와 직접 관련된 국가공인 자격은 없고, 민간등록 자격으로 발급되고 있다. 민간 자격증 종류로는 한국애견협회, 한국애견연맹, 한국반려동물관리협회에서 주관, 발행하는 자격증이 있다.

한국애견협회에서 발행하는 자격증은 반려동물 스타일

리스트 자격으로, 등급은 사범, 1급, 2급, 3급으로 나뉜다. 모든 등급은 만 18세 이상인 자로, 학력과 같은 제한 사항이 없으며, 3급은 만 18세 이상이면 누구나 시험을 볼 수 있다. 2급의 경우 3급 자격 취득 후 6개월 이상의 실무경력 또는 교육 훈련을 받아야 응시할 수 있으며, 1급은 2급 자격 취득 후 1년 이상의 실무경력 또는 교육 훈련을 받아야 응시할 수 있다. 가장 높은 등급인 사범은 1급 자격 취득 후 3년간의 실무경력이 있어야 응시할 수 있다. 시험은 사정에 따라 변경될 수 있지만 전국에서 매년 6회 정도 실시한다.

시험 과목은 등급에 따라 다르다. 3급 필기 과목은 반려동물미용관리 20문항, 반려동물기초미용 10문항, 반려동물일반미용1 20문항이며, 실기 과목은 반려동물일반미용이다. 2급 필기 과목은 반려동물일반미용2 30문항, 반려동물특수미용 20문항이며, 실기 과목은 반려동물응용미용이다. 1급 필기 과목은 반려동물일반미용3 25문항, 반려동물고급미용 25문항이며, 실기 과목은 반려동물쇼미용이다.

사범 필기 과목은 반려동물고급미용 25문항이며, 실기 과목은 반려동물쇼미용이다.

관련 직업

반려동물 미용사와 관련이 높은 직업으로는 반려동물 호텔 운영자, 핸들러, 수의사, 반려동물 패션 디자이너, 펫시터, 수의 테크니션, 반려동물 훈련사 등이 있다. 반려동물 병원에 소속되어 일할 경우 수의사, 간호사, 수의 테크니션과 협업하여 일할 수 있다.

관련 단체 및 기관

한국애견연맹 www.thekkf.or.kr

한국애견협회 www.kkc.or.kr

한국반려동물관리협회 www.dwse.or.kr

반려동물 미용사로
살아간다는 것

반려동물 미용사는 다양한 곳에서 활동하고 있다. 다양한 곳에서 활약하고 있는 반려동물 미용사의 하루를 각각 살펴보자.

동물병원 파트타임 반려동물 미용사 A씨

동물병원에서 파트타임으로 일하고 있는 반려동물 미용사 A씨의 이야기를 들어보자.

저는 20년째 애견 미용 일을 했습니다. 어릴 때부터 개를 좋아해서 미용 학원에서 자격증을 취득했습니다. 20년 동안 3군데 동물병원에서 근무했습니다. 지금은 3번째 병원에서 7년째 일하고 있습니다. 오랜 기간 동물병원 파트타임직을 선호했던 이유는 가정에서 아이들을 돌봐야 했기 때문입니다. 20년간 3곳이면 다른 미용사들에 비해 많이 옮기지 않은 편입니다. 근무 조건은 오후 1시부터 6시까지 5시간 근무했고, 급여는 많은 편은 아니지만 집과 가깝고 일하는 시간이 잘 맞아서 오랫동안 일할 수 있었습니다.

근무시간이 5시간이지만 일의 강도는 높습니다. 주로 예약 손님이 많고, 당일 방문한 손님들의 반려동물 미용도 합니다. 동물병원 소속이라 고객은 주로 병원을 이용하는 분들이어서 고객 유치에 대한 어려움이나 타 미용사와의 경쟁에 대한 스트레스는 적습니다. 사실 병원에서 근무할 때는 손님이 덜 왔으면 좋겠다는 생각을 할 정도로 5시간 내내 미용 업무만 할 때가 많았습니다. 병원 원장님이 과잉 진료를 하지 않는 좋은 수의사로 소문이 많이 나서, 진료를 보고 미용까지 이어지는 경우가 많았습니다.

처음 일을 시작할 때는 많은 강아지의 미용을 하는 게 좋기도 했는데, 미용이 끝난 후 도구 정리할 시간도 빠듯해서 힘에 부치기는 했습니다. 반려동물 미용이 남들 눈에는 힘을 안 쓰는 쉬운 일처럼 보이지만, 강아지를 대할 때는 많은 부분을 신경 써야 하기 때문에 정신적 피로감이 큽니다. 쉬지 않고 미용을 하다 보면 몸도 피곤해지지요. 물론 미용이 끝나고 강아지를 보고 있으면 피곤을 잊기도 합니다. 또 보호자들이 기뻐하며 강아지를 데려갈 때면 보람을 느껴요.

강아지 중에는 만지기만 해도 물거나, 특정 부위를 손대면 공격하는 친구들이 있습니다. 보통 보호자가 알고 있어 미리 입마개를 착용시키라고 알려주는 분들도 있는데, 가끔 깜빡하고 말하지 않는 경우가 있어서 물린 적이 여러 차례 있습니다. 물린 얘기를 보호자에게 하면 서로 마음이 상할 수 있기 때문에 저는 처음에 몇 번 하고는 그 뒤로는 하지 않았습니다. 대신 미용 전 미리 물어봤습니다. 미용을 할 때는 강아지들의 특성을 잘 파악하는 게 좋습니다. 발톱에 할퀴는 일도 있습니다. 애견 발톱을 자르는 일은 굉장히 중요합니다. 주기적으로 안 자르면 발톱 속 가느다란 혈관이 자라서 발톱을 자를 때 피를 볼 수도 있습니다. 한번은 발톱 관리가 안 된 개의 발톱을 자르다가 피가 빨리 멈추지 않아서 수의사 선생님이 지혈을 시키고 치료한 적도 있었습니다. 처음 있는 일이라 엄청 놀랐지요. 간혹 염증을 일으키는 개들도 있다는 말에 한동안 발톱 자르는 일이 두렵기까지 했습니다.

제가 처음 애견 미용을 배울 때에는 미용 기술이 특별한 게 없었습니다. 얼굴과 꼬리만 남기고 기계로 털을 다 미는 수준이었습니다. 당시에는 다들 그렇게 해서 어려움 없이 일할 수 있었습니다. 요즘은 보호자들이 다양한 미용을 원하기 때문에 애견미용학원에 등록해 특별수강과 세미나를 여러 차례 듣고 있습니다.

물론 월급에는 아쉬움이 있지요. 주변에서 제 개인 펫샵을 운영해서 돈을 더 벌어보라고 하는데, 아직은 자신이 없어서 시작을 못하고 있습니다. 언젠가는 저도 제 개인 펫샵을 꼭 열고 싶습니다.

개인 펫 미용샵을 운영하는 B씨

자신의 펫 미용샵을 운영하는 B씨의 이야기를 들어보자.

저는 고등학교와 전문대학 모두 애완동물과를 나왔습니다. 고등학교 졸업 후 대학보다는 창업을 하고 싶었지만 창업을 만류하는 부모님과 주변 사람들의 조언으로 더 공부를 하게 되었습니다. 대학을 졸업한 뒤에 바로 창업을 할지, 병원이나 펫샵의 직원으로 일할지 다시 한 번 고민을 하다가 창업을 하게 되었습니다. 다들 경력도 없이 창업을 한다고 걱정도 많이 했습니다. 하지만 저는 자신 있었습니다. 대학 때 아르바이트로 애견 미용 일을 하기도 했고, 주변 사람들의 반려동물 미용을 무료로 해준 경험이 많았습니다.

제가 사는 동네에는 펫 미용샵이 이미 두 개가 있어서 집에서 차로 30분 거리에 펫샵을 차리게 되었습니다. 제 펫 미용샵은 1~2층 복층 구조입니다. 복층 구조여서 2층은 일이 없는 시간에 저만의 휴식 공간으로 꾸몄습니다. 그때만 해도 쉬는 시간에 올라가서 차를 마시고, 누워 있을 공간이 있다면 좋겠다고 생각했지요. 그런데 창업한 지 3년이 지났지만 올라가서 쉬어본 적이 열 손가락 안에 들 정도네요.

저는 미용 기술은 나름 자신이 있었기에 창업만 하면 성공할 줄 알았어요. 다른 가게들처럼 사료, 의상 등 기본적인 반려동물 용품과 영양제, 소식지, 편안한 소파, 따스한 조명 등을 모두 준비했지요. 하지만 처음 가게를 열고 6개월간 고전을 면치 못했어요. 다른 가게에서 직원으로 일했다면 받았을 돈을 버는 것은 괜찮은데, 매달 나가는 임대료가 정말 부담스러웠어요. 그래서 홍보를 적극적으로 시작했습니다. 일이 조금 한가할 때 제가 키우는 개들과 주변을 다니면서 명함과 전단지를 돌렸습니다. 물론 제 개들의 미용을 예쁘게 하고요. 산책과 홍보를 같이 했지요. 또 날이 더워지면 매장 문 옆에 깨끗한 생수를 놓아 산책을 다니는 개들이 마실 수 있게 해두었습니다. 처음에는 낯설어서 거부하는 사람들이 많았지만, 몇 번 권유하니 개들에게 물을 마시게 하더라고요. 그러면서 가게에 들어와서 구경하는 분들이 늘기 시작했지요. 자연스럽게 그분들이 저의 고객이 되었습니다.

미용 기술은 나름 자신 있으니 가게를 차리면 손님이 알아서 올 거라고 생각했는데, 그게 다가 아니었어요. 저는 마케팅 전략으로 다른 사람에게 저희 샵을 추천해주면 미니 수제 간식을 두 분 모두에게 선물로 드렸습니다. 그 마케팅 전략이 성공했어요. 미니 수제 간식은 집에서 부모님이 만들어주셨어요. 동네에 미용 잘하고 친절하다는 소문이 나기도 했고, 단골손님들이 다른 사람들에게 추천을 많이 해줘서 매일 미용이 꽉 찼답니다. 지금도 고정 단골손님과 온오프라인 이벤트로 신규 고객을 계속 모으고 있습니다.

일이 많아져서 임대료 걱정도 없고, 또 제가 일한 만큼 돈을 벌 수 있어서 만족합니다. 그런데 여전히 몇 가지 어려움은 있습니다. 일이 많아졌다는 것은 샵에 머무는 동물의 수가 많다는 뜻이지요. 거기에

제 개까지 더하니 샵에 있는 개들이 5~6마리가 되었습니다. 어쩌다 시간이 겹치는 동안에는 10마리까지 있기도 했지요. 미용샵은 깨끗해야 한다는 생각에 개들의 배설물을 바로 치우곤 했는데, 개들이 많아지면서 너무 힘들더라고요. 걸레와 한몸이 되는 것 같았어요. 혼자서는 감당할 수 없었습니다. 고심 끝에 어머니의 도움을 받으면서 이 문제는 해결이 됐습니다.

최근에는 건강 문제로 고민을 하고 있습니다. 미용을 할 때 반려동물의 털이 얼굴에 묻고 입이나 코에 들어옵니다. 마스크를 해도 호흡기나 기관지 쪽에 무리가 갑니다. 가게를 차린 지 이제 3년밖에 되지 않았는데, 호흡기 등 건강에 문제가 생겨 어떻게 해야 할지 고민이 됩니다.

도그쇼 전문 미용사 C씨
도그쇼 전문 미용사인 C씨의 이야기를 들어보자.

저는 애견 도그쇼 전문 미용사입니다. 도그쇼에 대해 잘 모르는 분들도 계실 텐데, 도그쇼는 단순히 아름다운 개를 뽑는 대회가 아닙니다. 각 견종의 '견종 표준'을 가장 잘 갖춘 개, 순종견을 뽑는 대회입니다. 저는 애견 미용사 자격증을 취득하고, 외국에서 애견 미용 공부와 실무 경험을 했습니다.

지금은 한국에 들어온 지 5년이 되었고, 개인 펫샵을 갖고 있습니다. 제 개인 펫샵은 애견 호텔과 같이 운영하고 있습니다. 남편도 애견 미용사라서 함께 일하고 있습니다.

처음 펫샵을 열면서 도그쇼에 출전했습니다. 아무래도 도그쇼 수상 경력이 있으면 펫샵 운영에 많은 도움이 될 것 같았지요. 외국에서 오랫동안 공부하다 보니 도그쇼에 대한 정보는 꽤 알고 있었습니다.

처음 도그쇼에 참여할 때는 저희 집 개와 함께 참여했습니다. 운이 좋게도 처음 참가한 대회에서 수상하게 되었습니다. 그 뒤 남편도 참여해서 세 차례 끝에 상을 받았습니다. 저희 샵의 고객들에게 도그쇼 정보를 알려드렸지요. 그렇게 고객들과 도그쇼 정보를 주고받으며 참여를 권하게 되었습니다. 남편은 홈페이지를 운영하면서 온라인으로 도그쇼 정보를 안내하고, 펫샵 이름으로 유튜브도 운영하고 있습니다. 유튜브에는 주로 견종별 미용법을 안내하는 동영상을 제작해서 올리고 있습니다.

최근에 참여한 대회는 한국애견연맹 주최로 사흘간 서울에서 열린 국제 도그쇼입니다. 저희 펫샵에 다니는 반려동물 2마리와 함께 나가게 되었습니다. 도그쇼 날 아침 일찍부터 출전하는 반려동물들과 보호자들이 함께 출발했습니다. 도그쇼 부스는 수많은 개와 보호자들로 가득했습니다. 잭 러셀 테리어, 골든 레트리버, 시바 이누, 휘핏 형제들도 보이네요. 전문 핸들러의 모습도 보입니다. 핸들러는 애견을 관리하고 운동시켜 도그쇼와 같은 애견 박람회에 출전하도록 돕는 사람입니다. 도그쇼에는 전문 핸들러와 함께 참여하기도 하고,

저처럼 전문 미용사와 보호자가 직접 참여하는 경우도 있습니다. 우리는 접수대에서 번호표를 받고 반려동물의 털을 빗기며 순서를 기다렸습니다.

먼저 테이블 개체심사가 진행되었습니다. 개체심사는 심사위원들이 반려동물을 일일이 직접 만지면서 건강 상태나 골격, 근육, 그루밍 관리 상태 등을 확인합니다. 심사위원들은 전 세계의 도그쇼를 담당하는데 정말 대단한 분들이랍니다. 개체심사를 마치고 나면 멋진 워킹을 뽐냅니다. 아직 어린 개들은 워킹 중 멈추기도 하고 다른 길로 가서 모든 이들을 즐겁게 하기도 합니다. 올해의 도그쇼 'Best In Show'에선 늠름한 도베르만이 뽑혔습니다. 이번에 저희 팀 중에서는 아무도 수상을 하지 못했지만, 다양한 반려동물들과 함께해서 즐거운 추억을 만들었습니다.

애견인의 축제, 세계 3대 도그쇼

도그쇼는 단순히 아름다운 개를 뽑는 대회가 아닌 각 견종의 '견종 표준'을 가장 잘 갖춘 개를 선발한다. 도그쇼의 개최는 우수한 특성을 가진 개의 종족보존 및 혈통유지 발전을 위해서다. 견종 표준은 견종의 골격 크기, 균형, 털의 상태, 걸음걸이, 성격까지 모두 포함된다. 각 견종별, 그룹별로 표준에 가장 잘 맞는 개를 선발한다. 그 혈통을 유지시켜야 하기 때문에 중성화 수술을 하지 않은 개만 도그쇼에 참가할 수 있다.

세계 3대 도그쇼에는 FCI 월드 도그쇼, 크러프츠 도그쇼, 웨스트민스터 도그쇼가 있다.

세계 애견인의 축제인 FCI 월드 도그쇼는 1956년 독일에서 처음으로 개최되었으며, 이후 전 세계를 돌며 평균 50여 개국에서 온 1만여 마리의 세계적 명견을 한자리에 불러모으고 있다. FCI 월드 도그쇼가 다른 명문 도그쇼와 차별화되는 이유는 전 세계에서 출전한 참가자들과 애견단체 관계자들이 한자리에 모이는 행사로서 국가 간의 교류, 협력 관계를 돈독히 할 수 있는 민간문화 교류의 산실 역할을 하고 있기 때문이다. 한국애견연맹은 대한민국을 대표하는 FCI 가맹단체로, 매년 FCI 국제 도그쇼를 개최하고 있다.

크러프츠 도그쇼는 찰스 크러프트(Charles Cruft)의 이름을 딴 도그쇼다. 애견 간식 판매로 큰 수익을 얻은 찰스는 1891년 농업 강당(Agricultural hall)에서 전 견종 도그쇼를 개최했는데 이것이 바로 오늘날의 크러프츠 도그쇼의 시초가 되었다. 이는 모든 견종의 강아지가 초대된 최초의 경기대회였다. 1948년 영국 캔넬 클럽에 의해 첫 크러프츠 도그쇼가 열렸고 참가자와 일반인에게까지 열광적인 반응을 얻었다. 그 후로 매년 인기와 주목을 받고 있으며, 100주년을 맞은 1991년에 기네스북으로부터 세계에서 가장 큰 규모의 도그쇼로 인증받았다.

웨스트민스터(Westminster) 도그쇼는 1877년 뉴욕의 길모어 가든에서 개최되었다. 첫 도그쇼에서 1,200마리 이상이 참가하였고, 3일로 예정된 대회는 폭발적인 반응으로 하루 더 연장되었다. 이 도그쇼의 수익금 일부는 미국동물애호협회(ASPCA)에 기탁되어 길을 잃거나 불구가 된 개들을 위한 보금자리를 만드는 데 쓰인다. 오늘날 웨스트민스터 도그쇼는 견종 부문에서 우승한 경력이 있는 2,500마리 개들이 출전하여 매년 2월에 이틀 밤낮으로 진행된다. 1948년부터 텔레비전으로 생중계되고 있으며 미국에서는 스포츠의 하나로 인식되고 있다.

반려동물 미용사로
미래를 살아갈 수 있을까?

　대도시에는 이미 펫샵이 많이 있지만, 반려동물이 계속 증가하고 있어서 반려동물 미용사의 수요는 계속 늘어날 것으로 전망된다. 애견 미용의 새로운 시장을 찾고, 개인의 능력에 따라 전망이 달라질 수 있다.

　따라서 기존과는 다른 반려동물 미용사의 새로운 일과 역할이 필요하다. 미용사가 반려동물의 집으로 찾아가는 '펫트너 방문 미용', 미용 후 애견 사진을 전문적으로 찍는 '애견 전문 스튜디오', 시저링 미용에 대한 관심도 커져감에 따라 애견미용 분야의 고급 기술 확보, 애견 장신구와 같은 '애견 뷰티 사업' 등으로 새로운 시장을 개척해보는 것이다.

　통계청 기준에 따르면, 반려동물 미용사의 연봉은 평균

적으로 높은 편이 아니다. 하지만 개인적인 능력을 발휘해서 연봉을 높일 수 있고, 개인 매장의 매출을 올릴 수도 있다. 개인 매장에서 수제 간식을 제작해서 팔거나, 맞춤형 옷을 디자인해서 매장의 매출 수익을 올리는 반려동물 미용사들도 있다.

반려동물 미용 관련 창업하기

자격증을 취득하면 어딘가 소속되어 적은 임금을 받고 경력을 쌓기보다는 창업을 통해서 자신이 노력한 만큼의 소득을 얻고자 하는 마음이 크다. 그런데 창업은 노력한 만큼의 소득을 얻을 수도 있지만 그렇지 않은 경우도 있다.

창업을 성공적으로 이루기 위해서는 많은 노력과 시간이 필요하다. 앞에서 말한 것처럼 자격증 취득 후 적어도 1~2년간 다른 기관에서 경험을 쌓는 시간이 필요하다. 그 경험을 쌓는 시간은 헛된 시간이 아니다. 많은 반려동물을 만날 수 있고, 보호자들을 대하면서 다양한 정보를 얻을 수 있다.

창업을 준비할 때는 우리나라 애견미용실의 산업 현황을 살피고, 합리적인 방법을 찾아야 한다. 우리나라는 단독으로 애견미용을 하는 사업체가 많지 않다. 대다수 애견용품점과 함께 운영하는 경우가 많다. 애견용품 관련 매출도 무시할 수 없기 때문이다. 매출뿐만 아니라 보호자들에게 정보를 제공하는 고객 관리 차원으로도 활용된다. 이처럼 함께 연계해서 일할 수 있는 용품점이나 동물병원 등을 찾아서 네트워크를 만들 필요가 있다.

창업 시 가장 중요하게 생각해야 할 것은 바로 애견 미용에 대한 전문성이다. 다양한 네트워크를 공유하고 새로운 시장을 개척하는 것도 중요하지만 자신의 본업에 더욱 충실해야 한다. 본업에서 전문성을 인정받아야 다른 부분에서 빛을 발할 수 있다. 전문지식과 기술을 익히고, 반려동물의 영양, 질병 등 지속적인 애견 관련 정보를 고객들에게 제공할 수 있어야 한다.

끝으로 요즘은 홍보를 잘해야 창업에 성공할 수 있다. 최고의 서비스를 제공할 수 있지만, 고객이 방문하지 않는다면 미용사의 실력이나 기타 다른 장점들을 홍보할 수 없다. 그렇기에 상품 및 서비스에 대한 홍보 활동도 필요하다. 개인 SNS와 다양한 마케팅 방법으로 잠재고객을 발굴하는 것도 중요하다. 성공적인 창업을 위해서는 잠재고객을 발굴해서 그들을 충성도 높은 고객으로 만들어야 한다.

반려동물 패션 디자이너 되기

반려동물과 관련한 직업 중에는 패션 디자이너도 있다. 과거 애견 옷 디자이너라는 이름으로 불리다가 요즘에는 반려동물 패션 디자이너로 불린다. 요즘 반려동물 미용뿐만 아니라 옷, 장신구 등 뷰티 상품에 관심이 높아지고 있다. 이에 반려동물 패션 산업도 발달하고 있다.

반려동물 패션 디자이너는 개, 고양이 등 반려동물의 의상과 소품을 전문적으로 디자인하는 일을 한다. 반려동물의 특성을 잘 이해하고 파악해서 적절한 소재를 선택하는 것이 무엇보다 중요하다. 반려동물 옷을 디자인할 때는 입히고 벗기는 방법, 털, 피부병, 정전기, 물어뜯기, 배변 등 반려동물 의상의 특수성을 이해해야 한다. 반려동물 옷을 만드는 과정은 사람 옷을 만드는 일과 크게 다르지 않다.

반려동물의 옷이 어떻게 만들어지고, 어떤 부분을 고려해야 할지 조금 더 알아보자.

우선 견종이나 보호자의 요구에 따라 아이템과 컬러 등을 분석한다. 반려동물의 견본(견체, 묘체 등)을 연구해서 동물의 움직임과 활동을 고려한다. 시장 트렌드를 파악하고 소비자가 원하는 경향을 반영하여 디자인한다. 견종별로 조사한 다양한 사이즈의 패턴을 그리고, 가봉을 한 다음 디자인을 확정한다. 샘플을 제작하고 대량 생산하거나, 맞춤으로 온라인, 오프라인을 통해 판매할 수 있다.

반려동물의 증가와 반려동물 패션에 대한 관심이 높아지면서, 반려동물 패션산업과 패션 디자이너의 수요도 증가할 것으로 보인다.

현재 국내에 활동하는 반려동물 패션 디자이너 수는 적지만, 지속적으로 성장하는 추세이다. 본인의 브랜드를 만들 수도 있고 전문적인 기업에서 반려동물 패션 디자이너로 활동할 수도 있다. 반려동물 패션 디자이너 과정은 반려동물관련협회나 패션디자인 교육 기관에서 배울 수 있으며, 펫패션디자인 이론과 상품 제작 등을 배운다.

반려동물 패션 디자이너가 되기 위해서는 의류 제작에 필요한 패턴 제도와 재봉 등 기본적인 기능과 함께 디자인 감각을 겸비해야 한다. 의상 관련 전공자가 유리하기는 하지만 전문적인 반려동물 패션 디자이너 양성 교육기관에서 디자이너로서 기본 지식을 익히고 경험을 쌓으면 반려동물 패션 디자이너로 일할 수 있다.

개성이 중요시되는 소비자의 욕구를 맞추기 위해 패션 경향을 이해하고 분석하는 능력을 갖추어야 하며, 반려동물의 다양한 체형과 특성을 꾸준히 연구해야 한다. 기본적으로 반려동물을 사랑하고 아끼는 마음이 있어야 한다는 점은 말할 필요가 없다. 반려동물을 사랑해야만 좋은 디자인을 할 수 있다.

3장
반려동물 훈련사
마스터플랜

반려동물 훈련사는 어떤 직업이지?

반려동물 훈련사는 반려동물의 문제 행동을 상담하고, 바로잡을 수 있도록 도와주는 일을 하는 직종이다. 구체적으로 하는 일을 알아보자.

반려동물 훈련사는 반려동물이 보이는 여러 문제 행동, 계속 짖거나 아무 곳에나 배설하는 문제, 주인과 잠시라도 떨어져 있는 것을 참지 못하는 경우 등을 바로잡아 주는 프로그램을 만들어 실시하고 교육하는 일을 한다.

문제 행동을 바로잡기 위해 반려동물의 보호자와 대화를 통해 근본적인 원인을 찾고 반려동물의 행동을 관찰하고 파악하는 일이 중요하다.

반려동물의 문제 행동을 바로잡기 위한 프로그램을 만들어 실시하거나 훈련 일정을 계획하고 관리한다. 보호자에게 반려동물이 문제 행동을 하는 이유와 고칠 수 있는 방법을 알려주고, 행동을 교정할 수 있도록 도와준다.

직업의 특징과 요구 능력

첫째, 동물을 사랑하고 그들과 교감할 수 있는가?

반려동물 훈련사는 다른 반려동물 관련 직종과 마찬가지로 기본적으로 동물을 사랑하고, 그들과의 교감을 통해 보람을 느낄 수 있어야 한다. 작고 하찮은 동물도 소중한 생명이기에 그들을 소중하게 대할 수 있어야 한다. 훈련사는 반려동물의 문제점이나 부족한 점을 변화시켜주는 사람이므로 반려동물을 사랑하고 그들과 교감할 수 있어야 한다.

둘째, 동물이나 사람을 보호하고 도와주는 것을 좋아하는가?

반려동물 훈련사는 동물을 훈련시키거나 보호자가 동물을 잘 보호할 수 있도록 도와주는 것을 좋아하는 사람에게 유리하다.

셋째, 동물의 특성을 잘 알고 잘 돌볼 수 있는가?

반려동물 훈련사는 동물의 특성을 잘 알고 이를 바탕으로 그들을 잘 돌볼 수 있는 사람에게 유리하다. 반려동물이

말로 표현할 수 없기 때문에 동물의 행동을 보면서 반려동물의 상태를 정확하게 파악해야 하기 때문이다.

넷째, 동물의 문제 행동을 파악하고 분석하는 것을 좋아하는가?

반려동물이 하는 행동의 이유와 원인은 천차만별이다. 그런 동물들의 문제점과 원인을 찾기 위해서는 많은 자료를 수집해야 하고, 이러한 자료를 토대로 분석하는 것을 좋아해야 한다. 또한 자료 수집과 분석을 통해 행동 프로그램을 개발하는 일도 할 수 있다.

다섯째, 인내심이 있으며 자기 감정을 잘 조절하는가?

단순히 개를 좋아한다고 훈련사가 되기는 어렵다. 스스로가 반드시 반려동물 훈련사가 되겠다는 명확한 목표와 신념이 필요하다. 전문적인 훈련사가 되기 위해서는 견습생과 같은 경험을 배우는 시간이 충분히 필요하고, 개들과 의사소통을 하기 위해서는 반려동물의 심리와 행동을 공부해야 한다. 반려동물과 소통하기 위해서는 자기감정을 조절하고 인내를 가지고 기다릴 줄 알아야 한다.

여섯째, 의사소통 능력이 좋은가?

반려동물 훈련사는 반려동물의 문제 행동을 이해하고 원인을 파악하기 위해 보호자와 대화를 충분히 해야 한다. 문제 행동을 분석하고 행동 프로그램의 필요성을 설득하는 과정에서도 보호자와 원활하게 소통하는 것이 먼저다. 반려동물 훈련사는 반려동물이 아닌 보호자를 변화시키는 직업이기도 하다.

수의사와 마찬가지로 반려동물 훈련사도 홀랜드 직업성격유형 중에 탐구형과 사회형의 흥미를 가진 사람에게 적합하며, 책임감이 강한 성격을 가진 사람들에게 유리하다.

탐구형의 행동 특성은 풀리지 않은 질문에 도전하는 것을 즐기는 경향이다. 경제적 또는 다른 보상이 적더라도 문제 해결을 위해 열심히 노력한다. 자신이 문제를 스스로 해결하고 싶어 하는 특성이 강하며 이성적인 관점에서 접근하기를 원한다. 사회형은 이타적인 행동 특성을 가지고 있어서 타인의 감정을 잘 이해하고, 봉사활동 등에 참여하여 더 나은 사회를 위해 공헌하는 데 관심이 있다.

반려동물 훈련사에게 궁금해요!

Q. 훈련사는 어디에서 일할 수 있나요?

반려동물 훈련사는 주로 공개 채용이나 특별 채용을 통해 반려동물 훈련 기관이나 훈련 학교, 반려동물 관련 기업, 반려동물 호텔과 같은 회사에 취업할 수 있다. 또는 공공 기관이나 민간단체에 취업하여 활동할 수 있다.

Q. 전문성을 어떻게 높일 수 있나요?

반려동물 훈련사로서 전문성을 높이기 위해서는 반려동물에 대한 이론 학습과 실전 경험을 쌓는 것이 중요하다. 신입으로 취업한 경우에는 견습생으로 일하고 경험을 쌓으면서 훈련사가 된다. 훈련사가 되면 반려동물과 관련된 여러 기업에 경력자로 취업할 수 있다. 그리고 공공기관이나 민간단체의 인명구조견과 기타 특수목적견(마약탐지견, 경비견, 구조견, 군견, 장애인 도우미견 등)을 훈련하는 곳으로 직장을 옮겨 일할 수 있다.

Q. 인명구조견은 어떤 일을 하나요?

인명구조견은 특수한 임무를 맡기 위해 고도로 훈련된 개다. 인명구조견은 발달된 후각능력으로 각종 재난사고 현장에서 실종자 위치를 탐색해 귀중한 인명을 구조하는 데 도움을 준다. 분야별 임무 유형에 따라 산악구조견, 재난구조견, 수난구조견, 사체탐지견, 네 종류로 분류된다.

- 산악구조견: 산악현장에서 실종된 요구조자(구조를 필

요로 하는 사람)의 냄새를 인지해 요구조자의 위치를 찾는 개이다.

• 재난구조견: 붕괴현장 지면에서 매몰된 요구조자의 냄새를 인지해 요구조자의 위치를 찾는 개이다.

• 수난구조견: 수난사고 현장에서 수면 위의 냄새를 통해 물 속에 있는 요구조자의 위치를 찾거나 익사 직전의 요구조자를 다른 도구를 이용해 안전한 곳으로 유도하는 개이다.

• 사체탐지견: 사망이 확실시되는 요구조자의 위치를 찾는 개이다.

Q. 반려동물 훈련사가 되려면 꼭 자격증이 있어야 하나요?

반려동물 훈련사가 되려면 자격증이 꼭 필요하지는 않다. 민간 훈련 기관에서 견습 생활을 통해서 기술을 익히고, 훈련사가 되기도 한다. 하지만 자격증을 취득할 경우 취업할 때 도움이 된다.

Q. 반려동물 훈련사가 되려면 나이나 성별의 제한을 받나요?

그렇지 않다. 반려동물 훈련사는 나이나 성별에 제한을 받지 않는다. 선진국의 경우 여성과 남성 훈련사의 비율이 비슷하고, 우리나라의 경우도 여성 훈련사의 비율이 증가하고 있는 추세이다.

Q. 특수목적견은 어떤 일을 하나요?

특수목적견은 인명구조견 외에도 다양한 일을 한다. 마약이나 폭발물, 비허가 동식물 등을 찾아내는 탐지견, 사냥꾼을 도와 사냥을 하는 사냥개, 경찰의 작전 수행을 돕는 경찰견, 사람을 경호하기 위해 훈련하는 경호견, 양치기를 도와 목축을 돕는 목양견, 이동이나 운송을 돕는 썰매견, 영화나 광고 화보 등 연기를 위해 사용되는 연기견 등이 있다.

Q. 반려동물 훈련소나 훈련 학교를 만들 수 있나요?

어느 정도 경력이 쌓이고 인지도나 전문성이 높아지면, 반려동물 훈련소나 훈련 학교, 반려동물 호텔 등을 창업하여 운영할 수도 있다. 유명 강사로 활동할 수도 있다.

Q. 일을 하면서 어떤 점이 가장 힘든가요?

모든 직업이 그렇듯이 반려동물 훈련사도 힘든 점이 많다. 우선 견습생으로 훈련 경험을 쌓아야 하는데 그 과정에서 근무시간이나 휴일이 정해져 있지 않기 때문에 생활이 불규칙적이다. 몸만 힘든 것은 아니다. 보호자들이 훈련에 불만족감을 표시할 때는 속상하고 답답할 뿐만 아니라 자신의 일에 보람을 느끼기 어렵다. 또한 많은 개를 다루다 보니 항상 질병의 위험에 노출돼 있다. 때로는 위급 상황이 발생하기도 한다. 그리고 많은 시간을 개의 눈높이에 맞춰 생활하다 보니 허리가 자주 아프기도 하다.

반려동물 훈련사가
되기까지

어디에서 공부해야 할까?

반려동물 훈련·상담사가 되기 위해서는 고등학교 또는
대학교의 애완동물과, 동물산업과, 동물자원학과 등에 입
학하여 관련 교육을 받을 수 있다. 반려동물 전문교육기관
은 고등학교부터 대학교까지 전국에 약 40여 곳이 있다.

고등학교, 대학교 전공 과정 외 기업 부설 평생교육기관
에서 반려동물관리나 애완동물관리 과정을 이수하거나 민
간 훈련 기관의 반려동물관리 과정을 통해 반려동물 행동
상담원이 되기 위한 훈련과 교육을 받을 수 있다. 민간 훈
련 기관에서 견습생으로 1년 이상 근무하면 3급 훈련사 자
격 취득이 가능하다. 3급 훈련사 자격은 6개월 정도 인터
넷 강의를 통해서도 가능하다. 하지만 훈련사는 기술 습득

과 경험이 중요하기 때문에 교육기관이나 전문 훈련소에서
경험이 필요하다.

반려동물 훈련사 자격증

반려동물 훈련사와 직접 관련된 국가공인 자격은 없지만
민간등록 자격으로 반려동물 행동교정사, 반려동물 관리전
문가, 반려동물 관리지도사, 반려동물 전문가, 반려동물 훈
련사, 반려동물 훈련지도사 등이 있다. 2023년부터는 반려
동물 훈련 국가자격증 제도가 실시될 예정이다. 현재 한국
애견협회, 한국애견연맹에서 주는 자격증을 따는 것이 좋
다. 그러나 자격증보다 중요한 것은 대회 경력과 실무 경력
이다.

관련 직업

반려동물 훈련사와 관련 있는 직업으로는 핸들러, 동물
돌봄이 및 훈련가, 동물 조련사, 동물 교감전문가, 수의사,
수의 테크니션 등이 있다. 수의 테크니션은 동물병원이나
관련된 기관에서 수의사의 진료 보조, 각종 실험실과 임상
병리 검사 등의 업무를 담당한다. 반려동물 훈련사는 최근
반려동물 호텔에 소속되어 동물 돌봄이 및 훈련가, 반려동
물 미용사, 반려동물 사진사, 수의 테크니션과 같은 사람들

과 함께 일을 한다.

도그 핸들러

반려동물을 키우는 사람들이 많아지고, 반려동물에 관심이 높아지면서 도그쇼에 참가하는 사람들이 많아지고 있다. 도그 핸들러(Dog handler)는 도그쇼의 역사와 함께했다. 이는 각종 도그쇼에 출전한 반려동물이 심사위원 앞에서 장점을 최대한 발휘하고 돋보이게 하는 직업이다.

핸들러가 하는 일은 도그쇼 출전을 위한 반려동물의 행동 교정이나 쇼 매너를 훈련시키고, 모질관리, 체형관리 등을 함으로써 도그쇼에서 최고의 반려동물로 돋보이게 하는 모든 일을 담당한다. 반려동물 훈련사와 비슷해 보이지만, 반려동물 훈련사는 개의 행동을 교정하거나 훈련시키는 일이 주목적이고, 핸들러는 도그쇼 출전을 위한 일을 주로 한다. 최근 반려동물 시장이 확대되고 각종 도그쇼 및 반려동물 행사가 많아지고 있기에 도그 핸들러의 전문화가 부각되고 있다.

한국애견연맹과 한국애견협회에서는 해마다 국내외 도그쇼를 진행하고 있다. 급여는 도그쇼 출전비와 입상 후 추가 보너스를 받는 것이 일반적이다. 일정한 수입보다는 핸들러 개인의 능력 등 수입의 격차가 큰 편이다. 현재 국내에서는 핸들러가 되기 위한 특별한 자격 요건이나 등록 의무는 없는 상태이다.

도그 브리더

도그 브리더(Dog breeder)는 특정 혈통 견종의 우수한 특성 및 기질을 보존하기 위하여 가계를 형성하며 전문적으로 교배 및 번식을 담당하는 사람을 의미한다. 영어로 브리드(breed)는 '품종', 브리딩(breeding)은 '번식'이라는 뜻이다.

도그 브리딩은 19세기부터 이뤄졌고, 현재 약 400여 가지 혈통이 켄넬 클럽(미국 기준)에 등록이 되어 있다. 켄넬 클럽은 세계 여러 개들을 조사하여 순종으로 인정하고 그 혈통을 관리하고 보존하는 일을 한다.

도그 브리더는 번식을 위해서 항상 복수의 종모견을 가지고 있어야 한다. 무엇보다 강아지를 사랑하는 마음을 기본적으로 가져야 하며, 그 견종이나 브리딩에 대해 전문 지식이 있어야 한다. 순수혈통을 유지하기 위해 번식계획과 전략을 가지고 전문적으로 교배를 실시한다. 또한 기본적인 돌보기 외 도그쇼 출전을 위해 핸들러 역할을 하기도 한다.

동물 돌봄이 및 훈련가

동물 돌봄이 및 훈련가(Animal attendants and trainers)는 동물의 특성에 따라 동물을 돌보고 훈련시키는 직업이다. 처음에 야생동물이 많은 호주에서 생긴 직업이다. 호주에는 380여 종의 포유류, 830여 종의 조류, 4,000여 종의 어류 등 다양한 동물이 서식하고 있다. 이 중 80% 이상이 호주에만 서식하는 호주 고유의 토착종이다. 호주에서는 관광객이 고유의 토착종을 만날 수 있도록 주요 도시와 지방 곳곳에 동물원과 야생동물 공원을 설립했고, 이에 따라 동물 돌봄이 및 훈련가가 등장했다.

동물 돌봄이 및 훈련가는 다양한 일을 한다. 첫째, 동물과 강한 신뢰관계를 만들어서 동물을 먹이고 돌보며, 훈련시키는 활동 전반의 일을 담당한다. 둘째, 동물의 특성을 파악하여 필요한 음식을 준비하고 먹이고, 적절한 운동을 설계하여 체중과 건강을 관리해준다. 셋째, 동물의 외모를 가꾸고 목욕시키는 일은 물론, 깨끗한 환경에서 거주할 수 있도록 청소와 소독 등의 유지 · 관리를 통해 동물을 위한 쾌적한 주거환경을 만들어 준다. 넷째, 명령에 순종할 수 있도록 훈련을 통해 동물을 가르치고, 동물의 행동을 평가하여 문제점을 교정한다. 또한 동물 돌봄이 및 훈련가는 수의사의 지시에 따라 기본적인 동물 의약품을 관리하기도 한다. 또한 가벼운 부상은 치료하고, 심각한 경우 수의사에게 보고하여 이후 절차를 진행한다.

호주의 동물 돌봄이 및 훈련가는 동물병원과 동물보호소, 동물원, 야생동물공원, 애완동물전문점 등에서 일하고 있다. 학력 제한은 없으며 주로 고등학교 이상의 학력을 가진 사람이 많다. 특별한 학력 제한은 없으나, 대학에서 동물 관련 학과를 전공하면 유리하다. 호주의 동물 돌봄이 및 훈련가는 특별한 자격이 없는 경우에도 일을 시작할 수 있으며, 필요에 따라 동물연구(Animal studies), 동물 관련 기술(Animal technology), 동물포획(Captive animals), 반려동물 서비스(Companion animal services) 등 관련 분야의 자격증을 취득할 수 있다.

국내에서 동물 돌봄이 및 훈련가의 전망은 어떨까? 국내 동물원이나 동물사육시설에서는 동물사육사가 동물을 먹이고 훈련시키고 있다. 반려동물 미용 관련 산업은 주로 개와 고양이 등이며 반려동물 미용사가 주로 업무를 맡고 있다. 반려동물 종이 다양해지고, 야생동물을 돌보는 일에 대한 관심도 늘고 있기 때문에 동물 돌봄이 및 훈련가의 수요는 늘어날 것으로 보인다.

반려동물 훈련사로
살아간다는 것

강형욱 훈련사_ 혼내지 않아도, 혼나지 않아도 되는 교육

반려동물 훈련사 하면 바로 떠오르는 이가 있다. 바로 '개통령'이라고 불리는 강형욱 훈련사다. 강형욱 훈련사는 〈세상에 나쁜 개는 없다〉, 〈개는 훌륭하다〉 등의 TV 프로그램에 출연하면서 화제가 되었다. 그가 어떻게 반려동물 훈련사가 되었고, 그가 운영하는 보듬컴퍼니는 어떤 곳인지 알아보자.

강형욱 훈련사는 1985년 경기도 성남에서 태어났다. 지금은 보듬컴퍼니 대표이자 반려동물 훈련 사업가로 활동하고 있다. 반려동물 행동 전문가로서 해외에서 반려동물 훈련에 활용되는 '카밍 시그널'을 한국에 도입한 것으로 유명하다. 현재 반려동물 관련 방송에서 가장 명성을 떨치고 있는 전문가이자 동시에 인플루언서이기도 하다. 카밍 시그널(Calming Signal)이란 강아지들이 서로 소통하는 언어로, 신체 반응을 통해 보내는 개의 의사소통 신호이다. 예를 들자면 강아지들이 꼬리를 흔든다거나, 꼬리를 올리거나 내리는 등이 모두 카밍 시그널에 속한다.

훈련사가 된 배경은 어릴 적부터 강아지 공장을 운영하던 부모님의 일을 도우면서 생긴 트라우마 때문이라고 한다. 노르웨이에서 애완견 행동 전문가인 트리드 루가스를 만나면서 본격적으로 카밍 시그널을 공부하게 되었다.

훈련사 교육은 중학교 3학년 때 사설 훈련소에서 훈련사 생활을 시작했고, 처음부터 오랜 시간 압박적인 교육을 했다. 처음엔 그런 방식이 강압적인 훈련이라는 것도 인식하지 못했다고 한다. 그러다가 개에게 고통이나 스트레스를 주지 않고 교육할 수 있는 방법을 찾아 호주 경비견 훈련센터(Australia Guard Dog Training Centre), 멜버른 반려동물 훈련센터(Melbourne Pet Dog Training Centre)에서 훈련사로 활동했으며, 일본의 마쓰다 반려동물 스쿨(Masuda Dog Training School), 노르웨이의 엔릴 반려동물 스쿨(Anne Lill Kvam Hunde Skole)에서 연수를 받았다. 노르웨이 연수에서 자신이 개를 훈련하면서 실수했던 것들을 깨닫게 되고, 저서 《당신은 개를 키우면 안 된다》를 쓰고 강의를 시작했다.

강형욱 훈련사는 카밍 시그널과 함께 보호자의 책임 의식을 강조한다. 이 때문에 애완동물 콘텐츠는 사람들의 호불호가 심한 분야인데도 대중들에게 상당한 지지를 받고 있다. 또한 자신은 개를 좋아하기 때문에 개고기를 먹지 않고 남들도 되도록 안 먹기를 바라지만, 먹고 안 먹고는 개인의 선택이라고 말해 반려동물을 키우지 않는 사람들에게도 많은 공감을 받고 있다. 그는 말한다. 반려동물이 아니라 반려인부터 변해야 한다고. 그는 강아지 훈련사라고 속이고 사람을 교육하러 간다고 한다.

강형욱 훈련사가 운영하는 보듬컴퍼니는 반려동물 교육 회사이다. 반려동물 교육은 한 가지 증세만을 치료하려는 게 목적이 아니다. 반려동물의 더 나은 삶을 위한 총체적 접근을 원칙으로 한다. 오프라인과 온라인 교육, 그룹 또는 개인 레슨으로 더욱 효과적인 교육을 받으실 수 있다. 구체적인 교육 프로그램으로는 반려동물의 언어인 카밍 시그널부터 가장 기초가 되는 산책교육, 예절교육, 분리불안 등 다양한 주제를 교육한다. 단기교육이나 보호자와의 분리된 교육이 아닌 보호자와 반려동물이 항상 함께 교육한다. 보듬컴퍼니는 경력 훈련사와 견습생을 모집하여 인턴 기간 후 정규직으로 전환하고 있다.

이웅종 훈련사_ 개는 개고, 사람은 사람이다

'강아지 대통령'으로 불리는 사람이 또 있다. 바로 개인 훈련소인 이삭애견훈련소 이웅종 대표다. 2001년 〈동물농장〉을 시작으로 2020년 〈개밥 주는 남자〉 등 여러 동물 프로그램에 출연해 대중에게 익숙한 30년 차 반려동물 훈련사다. 그는 훈련소를 운영하는 대표이자 천안 연암대학 동물보호계열 전임교수, 한국반려동물문화연맹 대표로 올바른 반려동물 문화 확산을 위해 활동하고 있다.

이웅종 훈련사는 어렸을 때 목장을 운영하고 싶었다고 한다. 그는 충남의 한 농업 고등학교 축산과를 졸업한 뒤 해병대에 입대해 그곳에서 훈련된 군견을 처음 보았다고 한다. 그때부터 반려동물 훈련사에 관심을 갖게 되었다. 제대를 한 뒤에 반려동물 훈련소 견습생이 되었고, 훈련사들을 보면서 반려동물 교육 방법을 습득했다고 한다. 그 당시에는 제대로 된 반려동물 교육 시스템이 없었고 훈련소마다 교육 내용이 달랐다. 그와 비슷한 시기에 견습생이 된 이들이 3~5년 차가 되자 개인 훈련소를 차린 반면, 그는 10년 동안 반려동물 훈련에만 집중하며 경험을 쌓았다. 그러면서 애견인들 사이에서 능숙한 훈련사로 입소문을 타면서 인지도를 얻었다. 그때 반려동물뿐만 아니라 보호자를 대하는 법 역시 중요하다는 것을 알게 되었다고 한다.

그 뒤 반려동물 문화가 잘 형성된 미국과 일본으로 단기 연수를 가서 반려동물 교육을 배웠고, 해외 연수에서 배운 것을 토대로 표준화된 훈련 프로그램을 만들었다. 그가 만든 훈련 프로그램은 '이삭애견훈련소'에서 실시하고 있으며, 보호자가 자신의 개를 올바른 방법으로 교육할 수 있게 도와주는 것이 목적이다. 그곳에서 개발한 기존의 보호자 교육 프로그램과 새롭게 만든 '개과천선 클래스'가 꾸준히 인기를 얻었고, 이삭애견훈련소는 국내의 대표적인 반려동물 교육 센터가 됐다. 그는 일반 대중들에게 교육 프로그램을 알리기 위해 반려동물 훈련사로 일한 경험과 훈련법을 담아《동고동락》이라는 책을 쓰기도 했다.

그는 반려동물 훈련사가 되기 위해서는 이론과 경험이 모두 필요하지만, 경험이 조금 더 중요하다고 말한다. 전문 훈련사는 훈련소 소속으로 근무하면서 정규 프로그램을 운영할 수도 있고, 가정으로 방문하여 일대일 출장 교육도 한다.

그가 운영하는 훈련소에는 13명의 훈련사와 2명의 직원이 근무하고 있다. 훈련소에서 먹고 자는 개가 많기 때문에 훈련사들 역시 항상 대기 상태여야 한다. 일정한 출퇴근 시간도 없다. 이런 환경 때문에 훈련사들의 생활은 불규칙한 편이다. 월급은 훈련소에서 담당하는 개의 수와 출장 훈련 횟수에 따라 달라지며, 훈련소에서 교육받는 견습생들도 소정의 월급을 받는다.

초보 반려동물 훈련사의 하루

강형욱 훈련사와 이웅종 훈련사 모두 베테랑 훈련사다. 그렇다면 이제 막 훈련사가 된 사람들은 어떤 일상을 보내고 있을까? 그들의 하루를 따라가보자.

저는 1년 차 반려동물 훈련사입니다. 고등학교 졸업 후 민간 자격증인 반려동물 훈련사 자격증을 취득하고, 반려동물 훈련센터에서 견습생으로 근무하고 있습니다. 저의 하루 일과를 소개할게요.

먼저 아침은 사랑스러운 개들의 대변을 치우는 일로 시작합니다. 개들의 대변 치우는 일이 바로 반려동물 훈련과 관리의 기본이랍니다. 기본을 잘해야 한다는 거 알고 계시죠? 반려동물 훈련사는 개들의 대변과 절대 떨어질 수 없는 삶입니다. 대변 치우는 일은 단순한 일이 아닌 개들의 건강 상태를 체크하는 가장 중요한 일입니다. 모두 개들을 좋아하기 때문에 가능한 일이죠. 이렇게 늘 개들과 함께해서 좋기도 하지만 개들과 함께해서 힘든 점도 있답니다.

개들의 변 관리를 끝내면 이번에는 빗질을 하거나 목욕을 시키고, 개들이 가장 좋아하는 식사, 밥 주는 일도 합니다. 매일 오전에는 훈련소에 있는 모든 개의 식사와 건강 상태를 관리합니다. 견습생으로 들어와서 바로 훈련사의 역할을 하지는 못합니다. 개들을 관리하는 일을 먼저 배워야 하니까요.

오전 산책을 할 시간입니다. 산책을 할 때는 개들을 자유롭게 뛰어놀게 합니다. 그때 훈련사는 반려동물의 사진을 찍어 훈련을 맡긴 보호자에게 보내주는 일도 합니다. 산책을 마치면 맞춤형 건강관리에 들어갑니다. 털 정리뿐만 아니라 귀 점검 및 관리, 알레르기 관리 등을 합니다.

이제 훈련을 할 시간이 되었습니다. 훈련을 위해서는 미리 훈련일지를 작성해서 그날의 기록을 체크해야 합니다. 훈련일지에는 반려동물의 특성과 보호자가 했던 패턴이 기록되어 있습니다. 이런 기록을 통해 반려동물의 성향과 패턴을 분석하고, 개별적으로 맞춤형 훈련 프로그램을 완성합니다. 훈련에 필요한 도구와 간식도 준비해야 합니다.

훈련을 할 때 개가 이빨로 무는 등 돌발행동을 하기도 합니다. 모든 개는 물 수 있습니다. 물기 행동은 개가 스트레스를 받고 있다는 신호입니다. 특히 개는 자기 주인을 보호할 때나 스스로 스트레스를 받으면 무는 행동을 보입니다. 그럴 때면 침착하게 대응하면 됩니다. 훈련이 끝나면 다시 개들을 관리해줍니다. 훈련 중 의문나는 점은 선배 훈련사에게 물어보고 점검을 합니다.

반려동물 훈련사의 삶을 살아가기는 동물을 지나치다 싶을 만큼 사랑하지 않으면 어렵습니다. 아픈 반려동물을 위해 24시간 대기해야 하고 나만의 시간을 가질 여유도 없습니다. 훈련소 생활이 군대보다 더 힘들다고 말하는 이유가 있겠지요. 또한 훈련소 급여는 굉장히 낮은 편입니다. 실제 몇몇 훈련소에서는 급여를 주지 않고 견습생을 쓰기도 합니다. 견습 후에는 일반 직장인과 비슷한 연봉을 받습니다.

자격증을 따기는 쉽지만 경험을 쌓는 것은 어렵습니다. 그렇기에 이론적인 공부는 기본이고, 현장에서 많은 경험을 쌓아야 취업을 할 수 있습니다. 마지막으로 성공적인 취업 비법은 반려동물들과 상호 작용이 많기 때문에 같이 뛸 수 있을 만큼 체력이 좋아야 한다는 것입니다. 아무리 힘들어도 문제 행동이 사라진 반려동물들과 그 모습에 기뻐하는 보호자들을 보면 언제 힘이 들었는지 모를 정도로 기쁘고 보람찹니다.

반려동물 훈련사로
미래를 살아갈 수 있을까?

혼자 사는 사람이나 자녀를 낳지 않는 부부가 증가하면서 반려동물을 키우는 사람들이 늘어나고 있다. 반려동물과 연관된 산업도 계속 성장할 것으로 예상된다. 최근에는 반려동물과 관련된 방송 프로그램이 사람들에게 꾸준히 인기를 끌면서 반려동물 훈련사에 대한 관심도 계속 높아지고 있다. 이와 관련된 동물 조련 분야에서도 일자리가 늘어날 것으로 보인다.

국내 반려동물 훈련사의 업무는 아직 세분화되어 있지 않다. 국제애견협회(FCI)에 등록된 견종만 400여 종이다. 이들의 능력은 다양하기 때문에 유해 물체 탐지에 적합한 경비견부터 운동 능력이 탁월한 썰매 경주견까지 반려동물 교육 영역은 매우 광범위하다. 앞으로는 가정견과 특정 목적견 훈련사가 구분되면서 여러 분야의 훈련사가 필요해질 것으로 전망된다.

반려동물 훈련사 자격증을 취득한 후 훈련사로서 근무하게 되어도 불규칙한 생활과 질병 노출이 많은 환경 때문에 힘든 점이 많다. 그래서 견습생 중 6개월을 채우지 못하는 이들이 많다고 한다. 하지만 끈기를 가지고 버티면 1년 후에는 전문 훈련사가 될 수 있으며, 5년 후에는 개인 훈련센터를 열 수도 있다. 또한 자신의 훈련을 통해 개들이 달라지는 것을 보면 힘든 만큼 보람을 얻기도 한다.

투리드 루가스가 만든 카밍 시그널

투리드 루가스(Turid Rugaas)는 카밍 시그널의 창시자로, 반려동물 훈련사라면 모르는 사람이 없을 정도로 전 세계적으로 유명하다. 노르웨이에 반려동물 보호자와 반려동물을 위한 훈련장 '하겐 훈데스콜레'를 설립해 운영 중이며, 80세가 넘은 나이에도 세계 곳곳을 다니며 반려동물과 관련한 메시지를 전파하고 있다. 동물을 친절과 존중으로 가르치는 '유럽 반려견 훈련사 협회'의 설립자 중 한 명이자 회장으로 활동 중이다. 그는 카밍 시그널이야말로 반려동물과 대화를 가능하게 하는 열쇠이자, 동물과 대화를 나눌 수 있는 방법이라고 말한다.

카밍 시그널(Calming Signal)이란 강아지들의 의사소통 신호이다. 반려동물들이 다른 반려동물과 소통할 때 사용하는 몸짓 언어(바디 랭귀지)를 말한다. 꼬리, 발, 귀와 같은 신체를 통해 신호를 보낸다.

꼬리

꼬리는 강아지들의 마음을 가장 쉽게 알 수 있는 신체 부위 중 하나다. 강아지들은 꼬리로 표현할 수 있는 감정이 수도 없이 많다. 기분이 좋을 때, 주인이나 친숙한 이들을 만날 때는 쉴 새 없이 꼬리를 흔든다. 반면 불안할 때는 꼬리를 내리고, 경계할 때는 추켜올린다. 자신이 꼬리를 물려고 빙글빙글 도는 모습은 무언가에 흥분하거나 스트레스가 쌓였을 때 하는 행동이다.

더 자세히 알아보자.

꼬리가 위로 올라간 상태는 반려동물이 자신감에 차 있거나 상대방보다 우월하다고 생각할 때이다. 꼬리가 적당히 내려가 있는 상태는 반려동물의 기분이 편안함을 나타낸 것이다. 꼬리가 살짝 말려 있을 때는 살짝 긴장한 상태이며, 꼬리를 다리 사이로 넣거나 아래로 매우 처져 있을 때는 공포심이 크거나, 서열이 높은 사람을 볼 때 나타나는 특징이다.

꼬리가 오른쪽이나 왼쪽 중 어느 방향으로 흔드는지도

살펴볼 수 있다. 주인을 보거나 기분 좋은 일을 할 때는 꼬리를 오른쪽에 치중해서 흔든다. 반면 낯선 상대나 경계심을 가질 때는 꼬리를 왼쪽에 치중해서 흔든다.

발

앞발로 상대방이나 사물을 긁을 때는 자신에게 관심을 가져달라는 뜻이거나, 스트레스를 받는다는 의미이다. 뒷발로 상대방이나 사물을 긁을 때는 기분이 좋거나 놀이를 할 때, 또는 식사 후 보이는 신호이다. 뒷발로 머리 쪽을 긁는 경우는 간지럽거나, 귀에 문제가 있을 때 보내는 신호이다. 반려동물과 산책을 나갔을 때 볼일을 보고 땅에 몸을 비비거나 또는 제자리에서 바닥을 뒷발로 긁는 것을 본 적이 있을 것이다. 이것은 흙이나 풀에 자신의 흔적을 남겨서 다른 개들에게 자기를 소개하는 방법이다. 강아지들끼리 지나치거나 바라만 보았는데도 친해진 경우는 자신들만의 카밍 시그널로 대화를 했다는 뜻이다.

눈, 코, 배 등

눈을 바라보는 경우는 두 가지로 해석된다. 친한 사이일 때는 상대방을 매우 좋아한다는 의미이고, 낯선 사이일 때는 경계심을 갖고 있거나 경계 태세를 하고 있다는 의미이다.

고개를 갸웃거리는 행동은 견주가 하는 말을 제대로 듣기 위함이다.

코를 날름 핥는 행동은 불안하고 긴장된 마음을 스스로 진정시키는 모습이다.

배를 보여주면서 눕는 경우는 기분이 매우 좋다는 의미이고, 복종을 나타낸다.

사람의 얼굴을 핥는 경우는 관심을 받고 싶거나, 애교, 복종, 친근함의 표시, 또는 배가 고프다는 신호이다.

하품이나 몸 털기, 코 핥기는 긴장감, 불안감, 스트레스 해소를 하기 위한 행동으로 해석할 수 있다. 좋아하는 물건을 가져오는 행동은 자신과 놀아달라는 의미이다. 침대에 올라오는 것은 주인과 함께 있고 싶은 마음이거나, 혼자 있을 때 불안함을 떨치기 위해서라고 한다.

4장
애니멀 테라피스트
마스터플랜

애니멀 테라피스트는
어떤 직업이지?

현대 사회에서는 주변 사람과 소통할 기회가 줄고, 노년층 인구의 증가로 독거인의 수도 계속 늘어나고 있다. 이에 개나 고양이와 같은 반려동물과 함께 산책을 하거나 의사소통하는 애니멀 테라피의 필요성이 부각되고 있다.

애니멀 테라피는 반려동물을 이용하여 심리치료 및 동물매개 치료를 하는 것이다. 애니멀 테라피의 정식 명칭은 동물매개치료(Animal assisted therapy)이다. 그렇다면 동물매개치료와 동물매개활동은 무엇이 다를까?

동물매개활동은 의사, 간호사, 치료사 등이 개입하지 않고, 자원봉사자가 동물과 함께하면서 놀이하는 활동을 말한다. 반면 동물매개치료는 의료 전문가가 개입하여 치료 목적을 가지고 활동하는 것을 말한다.

기록으로 남아 있는 최초 애니멀 테라피는 9세기경 벨기에에서 동물이 장애인 치료에 쓰인 사례이다. 애니멀 테라피는 전쟁과 관련이 깊다. 1, 2차 세계대전에 참전했던 많은 군인들이 트라우마를 이기지 못하고 정신 질환을 앓았다. 군 병원에서는 그들에게 동물을 기르게 해서 정신 질환을 완화시켰다.

애니멀 테라피를 널리 알린 이는 미국의 소아정신과 의사였던 보리스 레빈슨이다. 그는 자신의 개를 이용해 동물매개치료에 대한 연구를 하였고, 동물매개치료에 대한 과학적 접근을 가능하게 했다. 우리나라에서는 1990년 한국동물병원협의회가 '동물은 내 친구'라는 프로그램으로 치료견 활동을 시작했고, 삼성에버랜드에서 치료견 사업을 시작하면서 널리 알려지기 시작했다.

애니멀 테라피스트(반려동물매개 심리상담사)는 동물과 교감을 통해 아픈 사람의 치료와 정신적 안정을 돕는 업무를 담당한다. 환자가 직접 동물을 만지거나 안아보면서 상호 교감을 통해 병원 치료 과정에서 생긴 스트레스를 해소하기도 한다.

애니멀 테라피 하면 개가 가장 먼저 떠오르겠지만, 말, 고양이, 돌고래, 나비, 사슴벌레 등 다양한 곤충과 동물이 활용되고 있다. 노인 심장질환이나 고혈압, 치매예방, 우울증 등 애완동물을 이용한 치료 효과의 연구 결과가 계속해서 나오고 있기에, 애니멀 테라피스트는 21세기 미래 유망 직업으로서 전망이 밝은 편이다. 노인이나 장애인, 아동 등 다양한 계층의 사람들을 만날 수 있는 것이 이 직업의 특징이다.

다양한 애니멀 테라피

개 매개치료(Dog Therapy)

개는 애니멀 테라피에서 가장 널리 쓰이고 있는 동물이다. 인간은 개들과의 교감을 통해 마음이 편안해지고, 스킨십뿐만 아니라 같이 있는 것만으로 긍정적인 에너지를 얻는다. 개 매개치료(Dog Therapy)는 미국과 같은 선진국에서 널리 활용되고 있으며, 환자, 불치병 어린이, 양로원, 장애인 등의 치료에 많이 쓰인다. 재난재해로 어려움을 겪는 이들의 치료에도 큰 도움을 준다.

말 매개치료(Horse Therapy)

재활승마로 불리는 말 매개치료는 승마를 통해 장애가 있는 노인이나 어린이들의 재활을 돕는다. 신체적 · 정신적 · 행동적 · 정신적 장애 · 사회 인지 장애 등 다양한 분야의 치료에 말을 활용한다. 말을 타면 잘 사용하지 않는 근육이나 굳어 있는 근육을 쓰게 되고, 몸에 다양한 리듬감을 주어서 운동이 필요한 이들에게 도움이 된다. 실제 특수학교에는 재활승마장을 갖추고 교육하는 곳도 있다.

돌고래 매개치료(Dolphin Therapy)

돌고래도 애니멀 테라피에서 주목 받는 분야이다. 돌고래에서 나오는 초음파를 이용해서 임산부, 태아, 정신적 어려움이 있는 이들에게 안정감과 긍정적 정서를 갖게 한다. 치료 활동은 전문가와 함께 전용 시설에 들어가 돌고래와 함께 노는 과정에서 치유 호르몬 분비를 유도한다. 우리나라에서는 본격적인 돌고래 매개치료는 아직 접할 수 없다.

곤충 매개치료(Pet insects Therapy)

나비나 사슴벌레 등 곤충들도 애니멀 테라피에서 쓰인다. 학대받은 아이들이나 발달장애 어린이들에게 나비와 사슴벌레, 귀뚜라미 같은 곤충을 직접 기르게 하고 생태를 관찰하면서 심리치료를 할 수 있다. 우리나라의 경우 농촌진흥원 국립농업과학원에서 귀뚜라미를 키우고 생태를 관찰하는 활동을 통해 노인들의 우울증, 초등학생들의 스트레스 감소 등 다양한 효과를 보였다.

애니멀 테라피스트에게 궁금해요!

Q. 수의사와 애니멀 테라피스트는 어떻게 다른가요?

수의사는 애완동물에서 희귀동물까지 질병과 상해를 예방, 진단, 치료하고 이를 위해 연구하고 자문하는 일을 한다. 이에 반해 애니멀 테라피스트는 반려동물을 활용하여 사람을 대상으로 심리치료와 정신적 안정을 주는 일을 한다.

Q. 애니멀 테라피스트는 어디에서 일하나요?

노인복지관, 장애인복지관, 장애보호시설, 한국마사회, 동물매개치료연구소, 수의사회, 병원 등 관련 협회나 단체 등에서 일할 수 있다.

Q. 어떤 사람이 할 수 있나요?

동물을 사랑하는 마음이 중요하다. 동물과 함께 일하는 직업이기에 개를 좋아하는 사람들에게 특히 만족도가 높다. 동물을 통해 사람들에게 위안을 주므로, 이들의 활동은 사람과 동물의 협력적 활동이라고 할 수 있다. 다양한 사람들을 만나므로 기본 예의와 바른 몸가짐, 따뜻한 말씨가 기본이며, 의사소통 능력과 상담 능력을 갖추어야 한다. 배려심과 친절이 몸에 배어 있다면 더욱 좋다.

Q. 어떤 견종이 치료견으로 쓰이나요?

치료견의 견종은 작은 치와와부터 70kg이 넘는 대형견까지 다양하다. 좋은 성품을 지닌 개는 모두 치료견이 될수 있다. 치료견은 낯선 사람을 많이 만나고 여러 장소를 옮겨 다녀야 하기 때문에 물거나 짖지 않는 좋은 성품을 가진 개들을 선발해 훈련시킨다.

Q. 어떤 방법으로 치료를 하나요?

치료 방법은 치료 대상자에 따라 무척 다양하다. 반려동물과 함께하는 체험 및 스포츠까지 범위를 확대하고 있다. 실례로 몸의 근육 사용이 원활하지 않는 뇌성마비 환자들은 개를 쓰다듬거나 빗질하는 움직임만으로도 경직된 근육을 많이 사용하게 된다. 하지만 이 활동은 단순히 근육만을 움직이는 것이 아니라 치료견과 함께하기 때문에 환자에게 놀이와 치료가 동시에 이뤄지며, 통증을 줄여주고 기쁨을 준다. 그러면서 자연스럽게 치료가 된다. 단순히 보는 것도 테라피의 한 방법이다. 장애인뿐만 아니라 치매 노인, 스트레스가 많은 어린이 등 다양한 사람들에게 적절한 방법으로 접근할 수 있다.

애니멀 테라피스트가 되기까지

애니멀 테라피스트 자격증

애니멀 테라피스트가 되기 위해서는 관련 대학이나 협회의 테라피 과정에서 동물매개치료(AAT) 및 동물매개활동(AAA)을 위한 전문 교육을 받아야 한다. 동물매개치료의 역사와 개요, 동물매개심리치료, 아로마요법, 음식치료, 해부학이나 행동학에 대한 기초지식, 동물 전신마사지 등에 대한 종합적인 지식과 기술이 필요하다.

자격증 취득 후 병원, 요양원, 상담센터, 학교, 복지관 등 동물매개치료를 원하는 곳에서 일할 수 있다. 자격증 이름은 동물매개 심리상담사이며, 민간 자격증이다. 자격 발급은 한국동물매개심리치료학회와 KBS미디어평생교육에서 한다. 응시자격은 전문가, 1급, 2급 각기 다르다.

전문가 자격은 한국동물매개심리치료학회 정회원 이상, 동물매개심리상담 전공 석사 학위 이상 소지자여야 한다. 또는 동물매개심리상담사 1급 자격증을 취득한 후 3년 이상 임상경력자로서 한국동물매개심리치료학회나 지정기관에서 교육 과정 80시간 이수, 한국동물매개심리치료학회의 학술활동을 18시간 이수, 동물매개심리상담관련 임상활동 이수, 임상감독 40시간 이수, 동물매개심리상담 임상 사례 발표 2회 이상, 사례회의 5회 이상 참석, 학술지 논문 1회 이상을 게재해야 전문가 자격증 취득이 가능하다.

1급은 한국동물매개심리치료학회 정회원 이상, 동물매개심리상담 전공 석사과정 재학 이상인 자로서 교육 과정 60시간 이수와 학술활동 12시간 이수, 임상활동 80시간 이상 이수, 임상감독 20시간 이상 이수, 동물매개심리상담 임상 사례발표 1회 이상, 사례회의 3회 이상 참석해야 자격증 취득이 가능하다.

2급은 2년제 이상 대학 재학 이상으로 한국동물매개심리치료학회 또는 지정기관에서 교육 과정 36시간을 이수하고, 학술활동 6시간을 이수하면 자격증 취득이 가능하다.

애니멀 테라피스트 자격증 기관

단체 및 기관	주요 활동
호서대학교	동물보건복지과 전공 운영
평택대학교 사회복지대학원	동물매개치료 전공 운영
원광대학교 동서보안의학대학원	동물매치료 전공 운영
한국동물매개치료복지협회	동물매개 심리사 자격제도 운영
한국동물복지학회	동물간호복지사 자격제도 운영
한국반려동물관리협회	반려동물관리사 등 다양한 자격제도 운영
삼성SDI 도우미견센터	청각장애인에게 치료도우미견 분양 등 다양한 프로그램 운영

호서대학교 동물보건복지학과

국내 최초 4년제 동물보건복지학과를 신설하고, 동물보건사 제도화에 부응하는 전문인력을 양성하고 있다. 예를 들어, 동물보건복지학과는 반려동물 간호, 반려동물과의 교감을 활용한 동물매개치료, 반려동물 행동 교정 등을 전문적으로 담당하는 동물보건사 양성과 산업동물 질병방역사, GLP시험기관의 동물실험전문가 및 생명과학 분야 연구자들을 양성한다. 2019년 4월 국가자격증으로 인정된 동물보건사를 비롯하여 반려동물 관리사, 동물매개 심리상담사, 동물상담사, 실험동물 기술원, 축산기사, 가축인공수정사 등 다양한 자격증을 취득할 수 있다.

평택대학교 사회복지대학원 동물매개치료전공

학문적, 전문적, 임상적 능력이 있는 동물매개 심리사를 양성하고 있으며, 졸업 시 한국동물매개치료복지협회 동물매개심리사 1급 자격을 취득할 수 있다.

한국동물매개치료복지협회

전문적이고 임상능력을 겸비한 동물매개 심리사를 양성하고 있으며, '동물매개 심리사' 자격증을 수여하고 있다. 자격 등급은 동물매개 심리사 전문가, 동물매개 심리사 1급, 동물매개 심리사 2급, 동물매개 심리사 3급으로 구분된다. 유효기간은 2년이며, 유효기간 이후에는 갱신해야 한다.

동물매개 심리사 3급 자격증은 이론 40시간, 실습 20시간을 이수하면 취득할 수 있다. 2급 자격증은 한국동물매개치료복지협회의 동물매개 심리사 3급 이수자 중 이론 50시간, 훈련 50시간, 임상실습 100시간 등 총 200시간 이수

후 취득할 수 있다. 1급 자격증은 위 협회의 동물매개 심리사 2급 이수자 중 이론 50시간, 훈련 50시간, 임상실습 100시간 총 200시간 이수 후 취득할 수 있다.

삼성SDI 도우미견센터

1996년부터 치료도우미견 활동을 실시하고 있다. 청각장애인에게 도우미견을 분양하여 일상생활에서 발생하는 다양한 소리를 알려서 도움을 주고 있다. 또한 센터에서 교육받은 도우미견들은 장애인복지관 등의 뇌성마비 환자, 자폐 어린이, 학교폭력 아동, 치매 환자 등을 대상으로 하는 테라피 프로그램에 참여한다.

세계 애니멀 테라피스트 협회

동물매개치료 관련 세계 단체는 1980년에 설립된 IAHAIO(아이아하이오, International Association of Human-Animal Interaction Organizations)이다. 이 단체는 미국의 델타협회, 영국의 스캬스, 그리고 프랑스의 아피락이 중심이 되어 사람과 동물의 올바른 활용 방법에 대한 지식을 전파하기 위해 노력하고 있다. 최신 연구, 교육과 실천의 발전, 정보와 아이디어를 공유함으로써 각국 간의 협력 체제를 강화하기 위한 포럼 등을 개최하고 있다.

일본의 애니멀 테라피 협회(animal-t.or.jp)는 일본 동물병원복지협회(JAHA)가 중심이 되어 노인시설, 병원, 학교 등을 방문하며 보급에 노력하고 있다. 1978년에 설립된 사단법인 JAHA 동물병원을 중심으로 사람과 동물 모두의 복지와 삶의 질 향상, 사람과 동물과 환경의 조화에 공헌하는 것을 목적으로 활동하고 있다.

애니멀 테라피스트로
살아간다는 것

애니멀 테라피스트는 활동 동물과 함께 동물매개 치유 센터 및 복지 기관(지역 아동 센터, 데이케어 센터, 여성 쉼터, 장애인 센터 등)을 방문해 대상에 맞는 다양한 활동을 한다. 자신이 키우는 개나 동물로 활동할 수도 있다. 활동 동물의 체력을 단련하는 일 또한 중요해서 동물과 산책, 교감하는 시간을 갖는다. 다양한 학문을 공부해서 미술, 스포츠, 음악 등에 접목한 프로그램을 개발하기도 한다. 대학의 반려 동물학과 등 교육기관에서 일일 특강도 하고, 관련 서적을 집필하기도 한다.

애니멀 테라피스트 A씨
A씨는 대학에서 심리학을 전공한 보통 가정주부였다.

결혼 후 외국에서 생활한 A씨는 주변 지인을 통해 애니멀 테라피 활동을 하는 자원봉사 일을 접하게 되었다. 외국에는 자신의 개와 함께 병원이나 양로원을 다니며 봉사하는 사람이 많다. A씨는 봉사를 하면서 애니멀 테라피스트에 매료되었고, 외국 동물협회 연수를 통해 일을 시작하게 되었다.

현재 그녀는 복지관과 병원에서 프리랜서 테라피스트로 활동하고 있다. 활동은 자신이 기르는 레트리버 리라와 함께하고 있다. 애니멀 테라피스트는 개와의 팀워크가 중요하다. A씨는 10년 넘게 리라와 함께 테라피스트로 활동했기 때문에 누구보다 호흡이 잘 맞는다.

화요일 오후 2시 복지관에서 자폐아동들과 수업이 있다. 수업이 없는 오전에는 주로 리라와 함께 산책을 하고, 리라의 건강 상태를 체크한다.

A씨는 리라와 함께 점심을 먹고 복지관으로 향했다. 오후 1시 반이 되자, 수업에 참여하는 아이들이 하나둘 교실로 들어왔다. 이 아이들과 함께 수업을 시작한 지도 한 달이 되었다. 아이들은 모두 리라를 좋아한다. 아이들이 좋아하는 표현법이 각기 달라서 처음에는 리라가 조금 당황하기도 했지만 리라는 금세 아이들의 특성을 이해했다.

자폐 및 발달장애 아동들은 대부분 개를 좋아하지만 애

정표현은 제각각 다르다. 가볍게 만지는 아이들도 있는 반면, 좀 더 과격하게 개를 만지며 자신만의 애정을 표현하는 경우도 많다. 그럴 때면 치료견들이 괴롭힘을 당한다고 생각해서 다음 활동을 꺼리는 경우도 있다. 치료견과 대상자들이 처음 만날 때 치료견, 대상자 모두 거부감이나 두려움 없이 자연스럽게 관계를 형성할 수 있어야 한다.

오늘은 리라와 함께 병원에서 가까운 공원을 산책하는 수업을 진행했다. 아이들은 보호자와 함께 공원을 돌며 리라를 산책시켰다. 리라가 멈추면 아이들도 서툴지만 멈추어서 리라를 바라보았다. 리라에게 간식도 주고, 리라를 쓰다듬기도 했다. 모두 잘했다. A씨는 조금씩 나아지는 아이들 모습에 절로 기분이 좋았다.

수업이 끝나고 아이들의 특성과 프로그램 평가를 작성하고, 리라와 함께 오후 강의 장소로 이동했다. 오늘은 특별히 그녀가 대학에서 애니멀 테라피스트 강의를 하는 날이다. 강의 역시 리라와 함께한다.

오후 5시 반려동물학과 학생들과 만났다. 그녀는 애니멀 테라피 자원봉사를 할 때 느낀 점과 애니멀 테라피스트로서 살아가는 이야기를 풀어냈다.

집에 돌아오니 벌써 7시가 넘었다. A씨는 리라의 저녁을 챙기고, 건강 상태를 확인했다. 애니멀 테라피는 개와 함께

하는 일이니 치료견의 건강 상태가 중요하다. 사람도 일하기 싫은 날이 있듯이 치료견이 힘이 없거나 스트레스를 받을 때도 있다. 그럴 때는 활동에 참여하지 않는 것이 좋다. 치료사는 늘 대상자의 상태를 확인해야 하고, 치료견의 상태와 기분도 파악해야 한다.

리라는 하루종일 피곤했는지 일찍 잠자리에 들었다. 요즘 A씨는 테라피 활동에 음악과 신체활동을 접목하기 위해서 다시 공부하고 있다. A씨는 늦은 밤까지 동영상 강의를 들으며 테라피 프로그램을 연구하고 있다.

애니멀 테라피스트로
미래를 살아갈 수 있을까?

빠른 산업화로 경쟁이 치열해면서 고립과 외로움을 호소하는 사람들이 많아지고 있다. 앞으로 순수한 동물과의 교감을 통해 마음을 치유하는 동물매개 심리사의 역할은 더욱 커질 것이다.

연구들을 통해서 치매 환자, 주의력결핍과잉행동장애(ADHD), 우울증 환자 등의 치유에도 도움이 된다는 사실이 입증되면서, 애니멀 테라피를 도입하는 치료 기관들이 날로 증가하고 있다. 아직까지 이 일을 하는 사람이 많지 않고 수요는 많으므로 전망이 밝다.

하지만 민간 자격증으로 발급되고 있고, 각 협회나 기관의 교육이 더욱 세부적이고 전문적으로 이루어져야 한다. 동물매개치료와 접목할 수 있는 다양한 교육도 필요하다.

예를 들면 특수아동을 대상으로 미술이나 스포츠와 같은 활동을 접목하면 더 큰 시너지를 낼 수 있다.

애니멀 테라피스트는 반려동물과 사람에 대한 심리학적 이해와 사람과 동물을 사랑하는 마음, 인내심 등이 필요한 직업이다. 자유롭게 시간을 설계할 수 있는 장점과 치유되는 사람들의 변화를 보면서 깊은 보람을 느낄 수 있다. 자신의 반려동물과 함께 활동할 수도 있고, 많이 걷고 움직이다 보니 자연스럽게 건강해진다는 장점도 있다. 장점이 많은 직업이지만 소득 수준이 낮다는 단점도 있다.

시각장애인의 눈과 발이 되는 안내견

시각장애인 안내견은 시각장애인의 안전한 보행을 돕기 위해 훈련된 장애인 보조견이다. 안내견은 언제 어디서나 시각장애인과 함께한다. 안내견을 그 나라의 장애인 복지 수준을 가늠할 수 있다고 하니, 이번 기회에 안내견에 대해 정확하게 알아보자.

우선 안내견임을 표시할 때에는 하네스(Harness), 안내견 인식 목줄, 장애인 보조견 표시, 안내견 조끼를 갖춰야 한다.

'하네스'는 안내견이 보행 중 착용하는 가죽장구이다. 안내견의 노란색 조끼 위에 착용한다. 이는 시각장애인이 잡는 부분이며, 안내견과 시각장애인을 연결시켜주는 역할을 한다. 시각장애인과 안내견이 서로 움직임을 전달하고 안전하게 보행할 수 있도록 설계되었다.

'안내견 인식 목줄'에는 안내견 학교의 이름과 전화번호가 기재되어 있다. 비상상황이나 급한 연락이 필요할 때 여기에 표시된 연락처로 연락하면 된다.

'장애인 보조견 표시'는 보건복지부에서 발행한 장애인 보조견을 증명하는 것으로, 이 표지는 대중교통 탑승이나 공공장소를 출입할 수 있도록 도와준다.

'안내견 조끼'는 훈련이나 활동을 할 때 안내견이 입는 옷이다. 퍼피워킹 중인 생후 1년 미만의 강아지들은 주황색 옷을 착용한다. 퍼피워킹은 안내견이 되기 위해 자원봉사자의 일반 가정에서 지내면서 강아지들이 사회화를 배우는 것을 말한다. 안내견 조끼는 노란색으로, '시각장애인 안내견'이라는 문구가 선명하게 쓰여 있다.

세계 안내견의 역사가 언제부터 시작되었는지 정확히 알려져 있지 않지만 오래된 그림이나 동굴 벽화 등에서 안내견의 모습을 발견할 수 있다. 1916년 제1차 세계대전 후 시력을 잃은 참전군인의 재활에 개가 쓰이면서 공식적인 안내견이 되었다. 1929년 미국에서는 현존하는 가장 오래된 안내견 학교(The Seeing Eye)가 설립되었다.

영국은 1931년에 최초로 안내견 4마리를 분양하면서 시작되었고, 1934년 설립된 영국안내견협회를 시작으로 부흥기를 맞았다. 1950년대 안내견은 본격적인 세계화의 길로 들어섰고, 1951년 호주, 1952년 프랑스, 그 뒤 일본, 뉴질랜드 등으로 안내견 학교가 세워졌다.

최초의 안내견은 독일 셰퍼드였으나 현재 전 세계적으로 활동하는 안내견은 사람과의 친화력, 기질, 품성, 건강 등의 적합성을 고려한 레트리버 종이다.

영국, 미국, 뉴질랜드, 일본 등 32개 나라에 98여 안내견 양성기관이 있다. 전 세계 약 2만 2천여 마리의 안내견이 활동하고 있으며, 매년 3,200여 마리가 분양된다. 이러한 안내견 양성기관은 대부분 비영리 단체로 기부(모금)와 자원봉사 등으로 운영되고 있다.

국내에는 삼성화재안내견학교가 있다. 삼성화재안내견학교는 보건복지부 인증을 받은 안내견 양성기관으로, 세계안내견협회의 정회원 학교이기도 하다. 1994년 첫 안내견을 분양했고, 매년 안내견 양성과 12~15마리 규모의 안내견을 시각장애인에게 무상으로 분양하고 있다. 현재 70여 마리의 안내견이 시각장애인을 위해 활동하고 있다.

최근 한 대형 마트에서 퍼피워킹을 하는 안내견을 거부해서 문제가 되었던 적이 있다. 퍼피워킹 훈련과정에 있는 안내견과 자원봉사자는 공공장소에 출입할 수 있고, 아무도 거부할 수 없다(장애인 복지법 제 40조). 하지만 아직도 안내견에 대한 일반인의 인식이 부족하고, 특히 식당에서 안내견의 출입을 거부하는 일이 많은 편이다.

안내견에 대한 에티켓

○ 보행 중인 안내견을 쓰다듬거나 만지면 안 된다.

길에서 안내견을 만났을 때 그냥 조용히 눈으로 지켜봐 주는 것이 안내견을 사랑하는 마음이다.

○ 안내견에게 먹을 주면 안 된다.

안내견이 보행 중 먹을 것을 탐내면 시각장애인 보행을 제대로 안내하지 못하는 경우가 발생할 수 있다. 안내견은 주인이 주는 사료만을 먹도록 해야 한다.

○ 안내견을 부르면 안 된다.

다른 사람이 안내견을 부르면 안내견의 집중력을 떨어뜨린다. 이것 역시 시각장애인의 안전한 보행을 방해한다.

○ 허락 없이 사진을 찍으면 안 된다.

안내견을 시각장애인의 신체 일부라고 생각하고 존중해야 하므로 함부로 사진을 찍어서는 안 된다.

5장
반려동물 장례플래너
마스터플랜

반려동물 장례플래너는
어떤 직업이지?

반려동물은 단순히 집에서 기르는 애완동물의 의미를 넘어 삶의 동반자, 반려자로 자리 잡아가고 있다. 2020년 한국농촌경제연구원 조사에 따르면 우리나라의 반려동물 양육 인구는 약 1,500만 명으로, 4가구 중 1가구가 반려동물과 함께하고 있는 것으로 나타났다. 전문가들은 앞으로 반려동물을 키우는 인구는 2천만 명 이상으로 빠르게 증가할 것이라고 전망한다.

반려동물이 많아지면서 반려동물의 유기나 죽음과 같은 문제들도 발생한다. 그래서 이와 관련된 각종 사업이 다양하게 활성화되고 있다. 동물병원, 동물미용실, 호텔, 카페뿐만 아니라, 애견유치원도 생겨나 사회화가 덜 된 애견을 훈련시켜준다. 나아가 특정 시간에 반려동물을 돌봐주는 펫시터도 등장했고, 동물의 죽음을 진심으로 애도하고 장례를 정식으로 치르도록 돕는 반려동물 장례플래너도 등장했다.

사람들은 기르던 반려동물이 죽었을 때 무지개다리를 건넜다고 표현한다. 그만큼 함께 살아온 반려동물의 죽음은 큰 상처가 된다. 반려동물 장례플래너는 생을 다한 강아지, 고양이 등의 마지막 길을 돕는 애완동물 장의사다. 반려동물 장의사, 반려동물 장례지도사라고 부르기도 한다.

반려동물이 죽음을 맞이할 때 관찰되는 현상으로는 호흡과 순환계가 정지되고, 근육이 이완되며, 동공이 확장된다. 빛에 대한 반응도 없다. 이후 사후경직이 일어나고 피부의 색깔이 변화하며, 사체 내부에서 부패가 시작된다.

애완동물 장례업은 동물보호법 개정으로 동물장묘업 등록이 가능해지면서 폭발적으로 확대됐다. 현행 폐기물관리법상 애완동물 사체는 생활폐기물로 분류되어, 일반 쓰레기와 함께 처리해야 한다. 동물병원에서 사망한 경우 소정의 비용을 내고 의료폐기물로 분류해 소각할 수 있다. 동물장묘업체에서 화장하는 방법도 있다.

보호자들은 함께해온 반려동물이 폐기물로 취급되는 것을 원하지 않는다. 그래서 적지 않은 비용이 들지만 많은 사람들이 반려동물 장례를 미리 준비하고 있다. 반려동물 장례 시장의 규모도 반려동물 시장과 함께 큰 성장을 했다. 당연히 관련 직업인 반려동물 장례플래너의 수요도 높아지고 있다. 초기 시장이라 진입장벽도 낮고 시장 선점의 효과도 있는 편이다.

반려동물 장례플래너는 반려동물 장례업, 반려동물 상조업체 등의 소속이나 자유업의 영위를 통하여 사고, 질병 등으로 죽은 반려동물의 장례식을 주관한다. 주로 보호자와 장례 절차를 상담하고 진행, 반려동물 납골당의 안치 및 운영, 펫로스(Pet lose, 반려동물이 죽어 상처받은 일) 상담 등 전문가 수준의 일을 한다.

장례는 죽은 애완동물의 수의를 장만하고 염습(몸을 씻긴 뒤 수의를 갈아입히고 묶어주는 일)을 거쳐 화장, 납골당 안치 등 사람과 비슷하게 진행되며 엄숙한 절차로 이뤄진다. 자, 반려동물 장례플래너가 하는 일을 조금 더 구체적으로 알아보자. 여기에서는 장례를 치르는 순서를 통해 반려동물 장례플래너가 하는 일을 살펴본다.

- 사체를 장례식장으로 운구한다. 보호자가 직접 올 수도 있다.
- 수시, 염습, 입관 등을 거쳐 발인을 하며 고객의 종교에 맞게 예식을 치르고 화장한다.
- 떠나는 반려동물과 마지막 인사를 나누는 간단한 추모시간을

갖는다.

- 사고사인 경우에는 수술용 바늘로 사체를 꿰매 최대한 깨끗한 상태로 복원한다.
- 화장 진행은 보호자의 참관하에 화장 시설로 이동하여 개별 화장으로 진행한다.
- 화장한 뒤 유골을 수습해 분골을 보호자에게 인도한다.
- 반려동물을 납골당에 안치하거나, 보호자에게 인도한다.
- 장례식 과정은 사진과 동영상으로 촬영하여 보호자에게 제공한다.
- 보호자의 펫로스를 상담하고 극복할 수 있도록 도와준다.

반려동물 장례플래너에게 궁금해요!

Q. 어떤 곳에서 일하나요?

장례업, 반려동물 상조업체 소속으로 장례식장과 화장장, 납골당을 함께 갖추고 있는 곳 등에서 근무할 수 있다.

Q. 근무환경은 어떤가요?

근무시간은 업체에 따라 다르겠지만 보통 아침 9시부터 저녁 9시까지이다. 장례 업무가 언제 발생할지 모르기 때문에 늦은 밤, 또는 이른 새벽이나 주말에도 고객 상담 전화가 올 수 있으며, 고객의 요청에 따라 근무할 수 있다.

염습 시 사용하는 소독제 등의 화학물질이나 동물의 사체에 의해 전파될 수 있는 세균, 바이러스 등의 위험성에 노출될 수 있다. 반드시 위생장갑, 마스크, 위생가운을 착용해야 한다.

Q. 어떤 사람이 할 수 있나요?

반려동물 장례플래너 역시 기본적으로 동물을 사랑하는 마음이 필요하다. 또한 반려동물이나 장례에 대한 기본 지식을 갖추는 것이 좋다. 장례를 치르는 업무이다 보니, 만나는 사람들이 모두 깊은 슬픔에 잠겨 있는 상태이다. 그래서 반려동물 장례플래너는 반려동물을 잃은 사람들의 아픔을 헤아리고, 격려하며, 편안함과 안정감을 줘야 한다. 슬픔으로 신경이 예민해진 고객도 있기에 행동과 말에 주의를 기울여야 한다.

Q. 반려동물 장례는 얼마나 걸리나요?

반려동물의 종류와 크기에 따라 차이가 있다. 장례식 준비부터 화장, 마무리까지 보통 3시간이 소요된다.

Q. 반려동물이 숨을 거둘 때 해야 할 일은 무엇인가요?

반려동물이 숨을 거두면 1~2시간 후부터 몸이 굳는 사후경직이 일어난다. 그 전에 눈을 감겨주고, 잠을 자는 듯한 편한 자세로 만들어준다. 물에 적신 수건으로 얼굴과 몸을 털의 방향을 부드럽게 닦아주는 것도 좋다. 입이나 항문에서 분비물이 나올 수도 있으니 천이나 패드를 깔아준다.

반려동물 장례플래너가 되기까지

　반려동물 장례플래너가 되기 위해서는 요구되는 자격이나 면허가 없다. 유사한 직종에서 근무한 경험이 있거나 현재 민간에게 발급하는 반려동물 장례지도사 자격증이 있으면 유리한 정도이다. 또한 영구차 운전을 위해 운전면허를 가지고 있으면 더 유리할 수 있다. 강아지와 고양이 같은 반려동물에 대한 지식과 이해가 있으면 일에 도움이 된다. 교통사고 등으로 사체가 훼손된 경우가 종종 있으니 바늘로 꿰매는 등 수습을 위해 수술도구를 이용하는 약간의 기술도 필요하다.

　반려동물 장례와 관련된 교육 과정은 없지만 고등학교나 대학의 반려동물학과 등 관련 학과에서 반려동물 장례지도 과목을 통해 장례 절차와 과정에 대한 지식을 얻을 수도 있다.

보편적으로 민간 반려동물 장례플래너 자격을 취득하고 반려동물 장묘 업체에 취업하거나, 자격 없이 반려동물 장례플래너의 업무를 보조하며 관련 지식과 기술을 쌓을 수 있다. 업무 보조의 경우 장례 관련 기술을 습득하는 데 약 3개월의 시간이 소요된다고 한다.

반려동물 장례업 국내 및 해외 현황

동물보호법이 개정되면서 정식으로 동물장묘업이 인정됐고 동물장묘업이 등록제가 되었다. 동물장묘업 등록제란 동물전용의 장례식장, 화장장 또는 납골시설을 설치, 운영하고자 하는 사람이 시·군·구청에 등록하는 제도이다.

동물보호법에 따르면 동물장묘업 종사자는 동물 보호 및 공중위생상의 위해 방지를 위한 조치사항 등에 관해 교육을 받을 의무가 있으며 관련 교육은 대한수의사회에서 실시하고 있다. 반려동물 장례지도사 등 민간 자격증이 존재하지만 활성화되지 않은 상황이다. 국내 동물장묘 시설도 턱없이 부족하다. 농림축산검역본부 사단법인 한국동물장례협회에 따르면 전국에 등록된 동물장묘시설은 대다수 수도권에 집중되어 있다. 수도권에는 18곳, 영남권에 16곳, 충청권에 10곳, 강원권과 호남권에 2곳으로 총 46곳이 있다. 그중 화장과 건조장 미허가 업체가 4곳이 있다. 화장, 건조장 미허가 업체란 장례 또는 봉안시설에 대해서만 허가를 받은 업체이다. 이곳에서는 화장 또는 건조장은 진행할 수 없다.

우리나라와 달리 미국과 일본 등에서는 반려동물 장례식과 업체가 보편화되어 있다. 미국에서는 100여 년 전부터 반려동물의 장례가 치러졌으며, 묘지에 비석을 세우는 등 동물 장례문화가 일반화됐다. 대다수 미국인이 반려동물을 키우고, 그들을 가족의 일원으로 여기기 때문이다.

2000년부터 반려동물 장묘 업체가 급증한 일본은 전국 지점으로 운영하는 업체도 있으며, 이동식 장례시스템으로 운영하는 곳도 있다. 일본인의 경우 특히 반려동물의 이동식 화장을 선호하는 것으로 나타났다. 중국은 반려동물 장례를 화장, 매장, 수상장, 박제 등 여러 방식으로 진행하고, 장례 서비스 가격도 아주 다양하다.

2021년 기준 우리나라 동물 장묘 업체의 수는 일본이나 미국 등과 비교하면 큰 차이가 난다. 더군다나 합법적으로 등록된 장묘시설(장례를 지내고 묘를 세우는 시설)은 대부분 교외에 위치하고 있다. 이는 장묘시설이 혐오시설로 인식되어 지역 주민의 반대가 심하기 때문이다. 그나마 기존 업체들은 혐오시설이라는 인식이 생기기 전에 허가를 받은 업체가 많다. 지금은 허가를 받으려 해도 주민들의 민원과 항의가 많아 어려움을 겪는다. 반려인과 반려동물의 수가 계속해서 증가하면 국내 동물장묘시설 부족 문제는 더욱 심각해질 것으로 보인다.

반려동물 장례플래너 자격증

반려동물 장례플래너 자격은 한국반려동물관리협회에서 한국직업능력개발원의 민간 자격으로, 반려동물 장례지도사 자격시험을 통해서 취득할 수 있다.

1급 자격은 1차 이론 검정과 2차 실무 검정으로 이뤄진다. 1차 이론 검정 과목으로는 반려동물장례학개론, 공중보건학, 위생관리, 반려동물장례행정이다. 출제 문항은 각 20문항으로 전 과목 평균 점수 60점 이상, 과목당 과락 점수는 40점이다.

1차 이론 검정에는 가산점이 있다. 한국반려동물관리협회에서 시행하는 반려동물 관리사 자격증이나 공인 장례지도사 자격증 소지자의 경우 총점의 10%, 전문학사 이상의 반려동물 관련학과 졸업 및 졸업 예정자나 반려동물 관련업 3년 이상 근무 경력자, 국내외 반려동물 관련 공식대회 (도그쇼 등) 우승자는 총점의 5% 가산점을 받는다. 반려동물 관련업 1년 이상 근무 경력자나 국내외의 반려동물 관련 공식대회 수상자는 총점의 5% 가산점을 받을 수 있다.

2차 실무 검정은 1차 이론검정 합격자에 한하여 응시 가능하며, 직무교육으로 대체할 수 있다. 시행기관에서 소정의 직무교육을 이수하면 최종 합격할 수 있다. 2차 실무 검정은 수시, 염습, 입관, 화장, 납골 등 직접적인 반려동물의 장례실무와 매개동물 관리, 펫로스 상담을 한다.

반려동물 장례플래너로 살아간다는 것

늦은 밤 전화벨이 울린다. 김 대표는 직감적으로 또 한 생명이 사라졌구나 하고 생각했다. 전화기 화면을 보니 저장되지 않은 번호였다. 통화 버튼을 누르자 울먹거리는 여성의 목소리가 들렸다. 울먹거림으로 말을 제대로 잇지 못했다.

"천천히 말씀하셔도 됩니다. 괜찮습니다. 잠시 기다리겠습니다."

김 대표가 낮은 목소리로 말하고는 조용히 기다렸다.

늦은 밤 또는 새벽에 오는 전화는 거의 반려동물의 죽음을 알리는 전화이다. 잠시 뒤 여성이 말문을 열었다. 그녀의 반려동물이 3시간 전 세상을 떠났다고 했다.

"장례식 절차를 안내해드려도 될까요?"

"네."

김 대표는 반려인이 사는 지역을 먼저 묻고, 장례 절차를 상담했다. 그는 이 일을 시작한 지 벌써 10년이 지났다. 김 대표는 24시간 상담과 예약을 직접 받고 있으며, 운구 이동 역시 본인이 하고 있다. 회사 내 직원이 있지만 언제 일어날지 모르는 일이고, 고객의 슬픔을 잘 알기에 가능한 본인이 처리한다. 김 대표의 회사는 화장과 장례, 봉안시설 등을 모두 허가받은 업체이고, 회사 내에 납골당과 수목장이 함께 있다.

보호자가 사는 곳은 다행히 김 대표가 있는 곳에서 그리 멀리 않았다. 예약 시간은 새벽 5시였다. 보호자는 혼자 살고 있고, 아침에 출근을 해야 했다. 김 대표는 반려동물을 잃고 장례를 치른 뒤 출근해야 하는 보호자의 처지가 안타까웠다. 보호자는 이른 시각이어서 픽업을 요청했다. 반려동물의 장례를 치르러 직접 동물을 데려오기도 하고, 픽업을 요청하기도 한다. 김 대표 회사에서는 픽업 시 별도 비용이 들어가고, 보호자를 3명까지 태울 수 있다.

얼마 뒤, 반려동물과 보호자가 도착했다. 직원이 보호자에게 장례 절차를 다시 한 번 상세히 설명해주었다. 그 사이 김 대표는 염습·수의·입관·절차를 진행했다. 염습은 사체를 닦고 청결하게 하는 행위이다. 잠시 뒤, 수의를 입

히고 관에 넣는 입관 의식을 했다. 염습은 보호자가 직접
할 수도 있지만 보통 반려동물 장례플래너가 대신한다. 보
호자가 반려동물이 가장 좋아하던 옷으로 수의를 입히고
싶다고 해서 그렇게 하도록 했다. 직원이 사진을 받아들고
추모영상 화면을 틀었다. 촛불, 하얀 국화꽃이 준비된 제단
에서 반려동물 사진을 영상으로 보여줬다. 이때 동영상을
준비하는 사람들도 있다. 보호자들은 보통 반려동물의 죽
음을 미리 알아차리므로 상담할 때 물어보고 사진이나 영
상을 준비한다. 또는 휴대전화에 저장된 동영상을 쓰기도
한다.

"함께 있어 드릴까요?"

직원이 아무도 없이 혼자 있는 보호자에게 물었다. 보호
자가 아무 대꾸도 하지 않자, 직원이 함께 대기했다. 그리
고 흐느껴 우는 반려인을 다독여준다.

입관과 함께 추모의식이 치러졌다. 시간이 흐른 뒤 직원
이 화장 시작을 안내했다. 화장을 시작하기 전에 반려동물
과 마지막 인사를 나누게 하고 화장로로 사라지는 순간, 반
려인의 울음이 터져 나왔다.

김 대표는 늘 경험하는 일이지만 매번 사람들의 깊은 슬
픔이 느껴진다. 그래서 더욱 자신의 일이 엄숙하게 느껴진

다. 화장하는 동안 보호자들은 늘 한자리에서 기다린다. 그리고 화장이 끝난 뒤 유골을 만지며 울기도 한다.

화장이 끝났다. 이제 유골을 곱게 빻아 유골함에 담았다. 반려인이 산골(장례식장 인근의 지정된 장소에 뼈를 뿌리는 일)이나 장례식장 봉안시설에 안치하는 것을 원하지 않았다. 그래서 유골함을 전달하는 것으로 오늘 일을 마무리했다. 최근에는 유골 목걸이나 반지, 스톤을 만들어 반려동물을 기억하는 사람들도 많아졌다.

김 대표의 일은 여기서 끝나지 않는다. 반려동물 등록 말소를 대행해주기도 하고, 펫로스 극복을 위한 상담 및 웹사이트를 알려주기도 한다. 며칠 뒤 김 대표는 반려동물 등록 말소와 함께 펫로스 극복을 위한 웹사이트를 안내했다.

반려동물 장례플래너로 미래를 살아갈 수 있을까?

반려동물 장례 시장의 규모는 반려동물 시장과 함께 큰 성장을 보이고 있다. 당연히 관련 직업인 반려동물 장례플래너도 수요가 높아질 수밖에 없다. 초기 시장이라 진입장벽이 낮고 시장 선점의 효과도 있으니 도전해볼 만하다. 하지만 여러 문제가 남아 있다.

그중에 하나로 현행법상 반려동물의 사체가 '생활폐기물'로 분류되어 종량제 쓰레기봉투에 담아 버려야 하는 법규가 아직 남아 있다. 그리고 여전히 집 주변이나 산 등에 반려동물을 직접 묻어 주는 사람들도 많은데, 이것은 불법이다.

최근 반려동물 장례 업체가 증가하고 있지만, 합법적으로 등록하고 운영하는 곳이 적다. 현재 화장 시설의 규모로

는 1년 동안 발생하는 반려동물 사체의 15%정도밖에 감당
할 수 없다. 장묘 업체들이 대다수 수도권에 몰려 있어서
장묘 시설이 없는 지역에서는 멀리까지 이동을 해야 하는
어려움도 크다. 더군다나 미등록 업체를 이용해서 여러 반
려동물을 동시에 화장하는 경우나 많은 비용을 청구하면서
서비스를 제공하지 않는 등의 악용 사례들이 발생하고 있
기도 하다. 이에 합법적인 장례 대행 업체가 지역별로 계속
적으로 증가해야 한다. 하지만 이런 시설들을 혐오하고 기
피하는 일반인들이 많아서 이 부분은 쉽지 않다.

　동물장례식장이 환경오염이나 생태계 파괴를 초래할 것
이라는 객관적 증거는 없다. 다소 부정적 영향이 있더라도
환경오염 및 토사 유출 방지 조치, 차폐 시설 설치 등을 요
구해 방지할 수 있을 것으로 보인다는 법원의 판결이 나온
바 있다. 그러나 사회적으로는 여전히 자신의 동네에 반려
동물 장례 시설이 생기는 것을 꺼린다. 이에 사회 전반적으
로 반려동물 장례문화에 대한 인식을 개선하고 이를 다양
한 방법으로 알려야 한다.

　이런 어려움 속에서도 반려동물 장례플래너는 동물에 대
한 생명존중 문화를 만들어가는 직업인이자, 사후처리 관
련 전문가로서 계속해서 증가하는 반려동물 문화에 큰 역
할을 할 것으로 보인다. 반려동물의 장례는 누구나 할 수

있는 쉬운 일이 아니다. 반려동물 장례플래너는 자신의 일에 정성을 다하며 반려동물의 죽음을 통해 삶과 생명에 감사하며 보람을 느낄 수 있는 직업이다.

펫로스 증후군 극복하기

어느 여자배우가 자신은 반려동물이 죽으면 자신도 죽을 것 같다고 말한 적이 있다. 반려동물을 키우지 않는 사람들은 그 배우의 말이 잘 와닿지 않을 것이다. 하지만 반려동물을 키우는 반려인들은 그 배우의 심정이 어떨지 가늠할 수 있을 것이다.

《인간과 개, 고양이의 관계 심리학》의 저자 세르주 치코티는 반려동물이 죽었을 때 "남자들은 가까운 친구를 잃었을 때와 같은, 여자들은 자녀를 잃었을 때와 같은 고통을 느낀다"라고 말한 바 있다. 반려동물의 죽음을 경험한 사람이라면 이 말에 공감할 수 있다.

반려인 2천만 시대가 다가오는 요즘, 그만큼 반려동물을 잃고 힘들어하는 사람들이 늘고 있다. 펫로스 증후군 역시 증가하고 있다는 말이다.

펫로스 증후군이란 사랑하는 반려동물을 잃은 뒤 사람들이 경험하는 죄책감, 상실감, 슬픔, 불안, 우울, 대인기피 등과 같은 정신적 고통을 겪는 것을 말한다. 가족처럼 사랑하던 반려동물이 죽은 뒤에 겪는 상실감과 우울증상은 직접 경험하지 않으면 알기 어렵다. 더군다나 반려동물을 잃어도 그날 출근을 하고 일해야 하는 일상이 굉장히 힘들다고 한다. 물론 반려동물을 키우지 않는 사람들은 반려동물의 장례를 위해서 학교나 직장을 가지 못하겠다는 말을 이해하기 어렵다.

사람들은 반려동물과 깊은 관계를 맺는다. 그 관계에서 기쁨과 행복을 느끼고 살기에 반려동물을 잃었을 때 가족을 잃는 것처럼 큰 충격을 받는다. 행복하고 따뜻했던 관계가 사라지는 셈이다. 그래서 충격과 슬픔은 헤아릴 수 없을 만큼 크다.

펫로스 증후군 증상으로는 처음에는 죽음 자체를 부정하고, 다음 단계에서는 분노나 절망 등을 느낀다고 한다. 마지막 단계에서는 수면장애, 식욕부진, 우울증, 삶의 의욕 상실 등이 나타난다.

이 중 자신이 잘 돌보지 못했다는 죄책감이 크다. 반려동물에게 지극정성을 다했어도 죽음의 원인을 자신의 실수나 미흡함으로 생각하게 된다. 죄책감과 함께 우울감, 분노조절장애와 같은 정신적 고통을 겪으면서 주변 사람들과의 관계를 어렵게 만들고, 일상생활에서도 우울감과 불안 등의 증세를 겪게 된다. 반려동물을 잃고 3~6개월이 지나도 슬픔과 고통에서 헤어나오지 못하거나 일생생활이 어렵다면 전문가의 도움이 필요하다. 반려동물이 죽은 뒤, 슬픔과 외로움을 이기지 못한 채 자살을 시도하는 경우도 있다.

그렇다면 펫로스 증후군 극복 방법은 무엇일까?

인간과 마찬가지로 동물 역시 죽는다. 반려동물이 자신보다 먼저 죽을 수 있다는 사실을 반드시 인지해야 한다. 개와 고양이의 기대 수명은 15~17년이다. 하지만 모든 개와 고양이가 이처럼 살지 않는다. 질병이나 사고로 더 빨리 떠날 수 있다.

일상생활에서 이별을 생각하고 준비하는 자세가 필요하다. 누구나 가까운 가족이나 지인의 죽음을 생각하고 싶지 않다. 더군다나 자신이 자식처럼 사랑했던 반려동물의 죽음이니 상상조차 하고 싶지 않을 것이다. 하지만 미리 반려동물이 죽을 수 있음을 인지하고, 죽음을 있는 그대로 받아들여야 한다.

자신의 슬픔과 분노 등을 감추지 말고 주변인들에게 감정을 표현해야 한다. 슬픔이나 분노를 표현하지 않으면 감정이 계속 쌓이게 마련이다. 슬픔이나 분노의 표현 역시 반려동물을 애도하는 방법 중 하나다. 그렇기에 애도의 시간을 충분히 갖는 것이 필요하다.

함께했던 날들을 생각하고 좋았던 추억을 떠올리며, 그동안 함께할 수 있었음을 감사히 여기면 펫로스 증후군을 극복하는 데 도움이 된다. 주위 사람들은 반려동물이 보호자에게 삶의 중요한 존재라는 사실을 인정하며, 그들의 슬픔과 고통을 이해해주어야 한다.

부록

반려동물 관련 단체 및 기관

- 한국동물보호협회 www.koreananimals.or.kr
- 동물자유연대 www.animals.or.kr
- 농촌진흥청 www.rda.go.kr
- 한국애견연맹 www.thekkf.or.kr
- 한국애견협회 www.kkc.or.kr
- 한국반려동물관리협회 www.dwse.or.kr
- 한국동물보호교육재단 www.kapes.or.kr
- 호주국립개훈련연맹 ndtf.net.au
- 호주동물보호협회 www.rspca.org.au
- 한국동물장례협회 www.kafanc.or.kr
- 한국반려동물관리협회 www.dwse.or.kr

동물매개활동 및 치료 관련 웹사이트

- 펫파트너스 petpartners.org
- 도그플레이 www.dog-play.com
- 국제치료견 www.tdi-dog.org
- 애니멀링크 www.animalink.com
- 애니멀테라피 www.animaltherapy.net

반려동물 보유세

    반려동물 보유세에 대해 알고 있는가? 농림축산식품부는 2020~2024년 동물복지 종합계획을 통해 2022년부터 반려동물 보유세 또는 부담금, 동물복지 기금을 도입하는 방안을 검토하겠다고 밝혔다. 반려동물 보유세는 왜 필요한 것일까?

    반려동물 보유세가 필요한 이유는 해마다 버려지는 유기 동물의 수가 증가하고, 이를 처리하는 데 들어가는 비용이 늘고 있기 때문이다. 이에 따라 농림축산식품부는 동물을 보유한 가구가 일정 비용을 부담하도록 하는 제도적 장치를 마련하고자 하였다. 그래서 2020년 1월 "반려동물 보유세 도입을 검토하겠다"고 발표한 것이다. 이는 세금 부과를 통해 동물에 대한 책임감을 높이겠다는 취지이다. 책임감을 가지고 반려동물을 끝까지 키울 수 있을지 고민하고, 생명을 절대 유기하지 말라는 뜻이 담겨 있다.

    다른 나라에도 반려동물 보유세가 있을까? 영국에서는 19세기에 이러한 제도를 시행했다가 폐지하였다. 하지만 최근 유기동물 수가 증가하면서 다시 부활시키자는 의견이 나오고 있다. 덴마크, 프랑스, 스웨덴과 같은 나라에서도 시행하다가 폐지했다. 그 이유는 반려동물을 등록하지 않고 몰래 키우는 사람들이 늘어났고, 이를 일일이 단속하기가 어렵기 때문이다. 영국은 반려동물 보유세를 폐지했지만 2018년부터 6개월 이하의 강아지와 고양이는 펫샵에서 판매를 금지하고 있으며, 개인 사육자 또는 동물보호소에서 입양을 통해서만 분양이 가능하다.

독일의 경우 200년 전에 만든 '훈드슈토이어(Hundesteuer)'라는 '강아지 세금'이 있다. 이 세금은 주, 행정구역, 자치단체마다 다르다. 강아지의 종류 및 숫자 등에 따라 금액이 다르게 책정된다. 위험한 특정 반려견을 기르는 보호자에게 더 많은 세금을 부과하는 지역도 있으며, 두 번째 반려동물부터 더 많은 세금을 부과하는 곳도 있다. 동물보호소에서 개를 입양하면 세금을 감면해주는 지역도 있다. 이렇게 모인 세금은 모두 반려동물 복지로 사용된다.

반려동물 보유세에 대한 여러분의 생각은 어떠한가? 반려동물에 대한 책임감을 강화하고 무책임한 입양을 줄일 수 있으며, 세금이 반려동물 복지에 쓰인다는 측면에서 반려동물 보유세는 긍정적인 측면이 있다.

반면에 병원비 등 사람들의 부담이 커져서 유기동물의

수가 더 늘어날 것이라는 부정적인 측면도 있다.

반려동물 보유세 도입에 앞서 보완해야 할 부분이 있다. 먼저 반려동물의 범위에 대한 명확한 정의가 필요하다. 어디까지 반려동물로 볼 것인가? 개, 고양이, 다른 반려동물을 모두 포함할 것인가? 참고로 독일의 경우 개만 세금을 걸고 있다.

다음으로 반려동물 등록제를 보완하여 제대로 시행해야 한다. 아직까지 실제 반려동물에 비해 등록된 반려동물의 수가 적다. 등록된 반려동물에만 보유세를 부과한다면 많은 반려동물이 포함되지 않을 수 있다. 그렇다면 미등록 반려동물에 어떻게 세금을 부과할 수 있겠는가? 세금의 실효성이 쉽지 않을 것이다. 또한 보유세의 세액과 면제하는 기준에 대한 세부적인 논의가 필요하며, 유기동물을 입양하는 사람이나 단체에 대한 다양한 혜택도 주어져야 한다.

반려동물등록제
[동물보호법 제12조, 반려동물 등록]

반려동물을 잃어버렸을 때 동물보호관리시스템(www.animal.go.kr)상 동물등록정보를 통해 보호자를 쉽게 찾기 위해서 반려동물등록제를 전국으로 확대 시행하고 있다. 개를 소유한 사람은 전국 시·군·구청이나 동물병원, 동물보호센터에서 등록 접수가 가능하다.

등록 대상은 2개월 이상의 반려동물이다. 등록하지 않을 경우 과태료가 부과된다. 단, 동물 등록 업무를 대행할 수 있는 자를 지정할 수 없는 읍·면 및 도서 지역은 제외된다. 등록 이후 소유자, 소유자의 주소, 전화변화가 변경된 경우이거나 등록한 동물을 잃어버리거나 죽어서 변경사유가 발생할 경우 30일 이내에 신고를 해야 한다. 보호자의 전화번호나 주소가 변경된 경우에도 신고하는 것을 잊지 말자.

동물을 등록하는 방법은 내장형 무선식별장치를 삽입하거나, 외장형 무선식별장치와 등록인식표를 부착하는 것이다. 동물 등록에 사용되는 내장형 무선식별장치인 마이크로칩(RFID)은 체내 이물 반응이 없는 재질로 코딩된 쌀알만 한 크기의 동물용 의료기기로, 안전하다. 마이크로칩은 동물용 의료기기 기준 규격과 국제 규격에 적합한 제품만 사용되고 있다.

개와 함께 외출할 때에는 보호자의 성명, 전화번호, 동물등록번호가 표시된 인식표를 착용시켜야 한다.

펫티켓
[동물보호법 제13조, 반려동물과 외출시]

반려인 1,500만 시대다. 반려인들은 특히 반려동물을 키우지 않는 사람들에게 피해가 가지 않도록 펫티켓을 철저하게 지켜야 한다. 펫티켓은 반려동물을 뜻하는 펫(Pet)과 예절을 뜻하는 에티켓(Etiquette)의 합성어로, 반려동물을 기를 때 지켜야 하는 공공예절을 말한다.

어떤 펫티켓이 있는지 알아보자. 먼저 반려동물과 외출시 현행법령에서는 보호자의 성명과 전화번호, 동물등록번호가 표시된 인식표를 부착하도록 하고 있다. 목줄과 같은 안전 조치도 해야 한다. 특히 인식표 부착은 반드시 해야 하는 의무사항이다. 다른 사람에게 위해나 혐오감을 주지 않는 범위에서 목줄의 길이를 규정하고 있으며, 3개월 이상의 맹견은 목줄, 입마개를 착용하도록 하고 있다. 배설물이 생기면 바로 치워야 한다. 인식표 부착, 안전 조치, 배설물 수거의 의무를 꼭 기억하고 지켜야 한다.

반려동물의 교통수단 이용
[도로교통법 제39조 제5항]

    도로교통법 제39조에 의하면, 반려동물과 함께 승용차를 탑승할 때는 동물을 안고 운전하는 행위를 금하고 있다. 운전자는 동물을 안고 운전 장치를 조작하거나 안전에 지장을 줄 수 있는 우려가 있는 상태로 운전을 해서는 안 된다.

    대중교통에서는 어떨까? 여객자동차 운수사업법과 철도사업법에 따르면, 반려동물과 대중교통을 탑승할 때는 버스의 경우 반려동물을 꼭 이동장에 넣어서 탑승해야 한다. 지하철을 탈 때에는 동물의 전용 케이지나 가방 등에 넣어서 외부로 노출되지 않도록 한다. 필요한 예방접종을 한 경우 동물을 휴대할 수 있도록 하고 있다.

반려동물에게 필요한 영양소

개와 고양이에게 꼭 필요한 6가지 영양소가 있다. 물, 탄수화물, 단백질, 지방, 비타민, 미네랄이다. 물은 동물 몸의 70%를 차지하고 있으며 인간과 마찬가지로 동물에게도 꼭 필요한 영양소이다. 동물에게 하루에 필요한 물의 양은 그들이 하루에 먹는 칼로리와 같다. 동물의 크기가 클수록 더 많은 물이 필요하다. 물은 깨끗한 물로 자주 공급해야 한다. 반려동물들, 특히 고양이는 자신이 필요로 하는 물의 양보다 적게 먹는 특성이 있어 주의를 기울여야 한다.

반려동물과 물

수분 공급에 좋은 음식으로는 우유를 들 수 있다. 우유에는 많은 물이 들어 있다. 많은 이들이 반려동물들에게 우유를 먹여도 될지 궁금해한다. 사람들이 먹는 우유에는 유당이라는 성분이 많이 들어 있다. 사람들마다 유당 분해효소가 각기 달라서 찬 우유를 마셔도 속이 괜찮은 사람이 있는가 하면, 설사나 복통을 하는 사람들도 있다. 반면 개와 고양이 같은 동물들은 태어날 때 유당 분해효소를 만들지만 성장한 후에는 유당을 소화시키지 못한다. 그래서 설사를 하거나 탈이 나기 쉽다. 반려동물에게 우유를 먹이고 싶다면 일반 우유가 아닌 유당이 없는 반려동물 전용 우유를 주면 된다. 다만 주의할 점이 있다. 우유는 수분 보충을 하기에 좋지만, 비타민D, 칼슘과 인 등의 영양소가 많다. 결석을 앓는 반려동물에게는 비타민D, 칼슘, 인이 나쁜 영향을 미치므로 우유를 제한하는 것이 좋다.

반려동물들이 먹는 사료에도 물이 있다. 고양이들이 먹는 캔사료에는 보통 80~90% 수분이 포함되어 있다.

반려동물과 탄수화물

탄수화물은 에너지를 내는 물질로, 신체에 꼭 필요한 영양소이다. 동물들이 먹는 건사료에는 탄수화물이 많다. 건사료가 알갱이로 뭉쳐질 수 있는 것이 바로 이 탄수화물 때문이다.

우리는 흔히 허기지고 피곤할 때 '당이 떨어졌다'라고 말한다. 사람과 개는 혈당이 떨어지면 배고픔을 느낀다. 그때 음식을 먹으면 몸에서 혈당을 만드는 것을 멈춘다. 그런데 고양이는 다르다. 고양이는 음식을 먹을 때도 혈당을 계속 만든다. 그래서 한 번에 탄수화물을 많이 먹으면 혈당이 증가한다. 탄수화물을 지나치게 많이 섭취하면 당뇨병에 걸릴 수 있다. 고양이에게 음식을 줄 때는 탄소화물을 36% 이하로 주는 것이 좋다. 그래야 당뇨병을 예방할 수 있다. 고양이 사료를 선택할 때는 탄수화물이 지나치게 많이 들어가지 않았는지 확인해야 한다.

어떤 사람들은 고양이는 건사료가 아닌 캔사료를 먹으니까 걱정 없다고 말한다. 캔사료에도 탄수화물이 36% 이상들어갈 수 있다. 탄수화물이 36% 이하인 음식과 함께 음식을 조금씩 자주 주어야 고양이의 비만을 예방할 수 있다.

반려동물과 단백질

단백질은 사람에게나 동물에게나 모두 중요한 영양소이다. 달걀, 우유, 소고기, 닭고기 등에는 단백질이 많이 들어있다. 특히 나이가 많은 반려동물에게는 질 좋은 단백질을 공급해줘야 한다. 나이가 많아지면 단백질 대사가 느려지기 때문이다. 단백질은 원가가 비싸기 때문에 단백질이 많이 들어간 사료는 비싸다. 하지만 무조건 단백질을 많이 먹는다고 좋은 것은 아니다. 모든 영양소는 지나치게 많으면 독이 되고, 모자라면 병에 걸린다. 개는 잡식동물이어서 탄수화물은 많이 먹어도 몸에 문제가 생기지 않지만, 단백질을 많이 먹으면 간과 신장에 무리가 갈 수 있다.

반려동물에게 지방을 먹여도 괜찮은지 고민하는 사람들이 많다. 많은 이들이 꺼리지만 지방은 에너지 공급에 가장 중요한 영양소이다. 이렇게 좋은 영양소인 지방이지만 소화와 흡수가 어렵다. 그래서 소화기에 문제가 있는 반려동물에게는 지방 함량이 많은 음식은 피하는 것이 좋다.

반려동물과 비타민

비타민 역시 반려동물에게 필요한데, 사람과 달리 동물은 비타민C를 몸에서 스스로 만들 수 있다. 사료에 비타민C가 들어 있는 이유는 바로 항산화 작용 때문이다. 항산화란 세포 산화를 억제한다는 뜻이다. 노화를 방지하기 위해 사료에 비타민C가 들어 있다. 비타민C는 신장, 방광 결석 질병과 연결된다. 따라서 비타민C가 많이 함유된 음식은 조절하는 게 좋다.

그밖의 영양소

사료 말고 영양제를 고려하는 반려인도 많다. 이미 많은 사람들이 반려동물에게 영양제를 먹이고 있다. 영양제를 제공한다면 자신이 키우는 반려동물에 필요한 영양제가 무엇인지 꼼꼼히 따져보고, 사료 영양 성분을 보고 필요한 영양제를 선택할 수 있다. 요즘 많은 사람들이 영양제 중

지방인 오메가3가 들어간 제품을 선호한다. 오메가3는 염증 감소, 혈중 중성지방 농도를 낮추는 장점을 갖고 있지만 반려동물의 사료나 영양제에 첨가되어 있기 때문에 과다 섭취하지 않도록 해야 한다. 오메가3를 과다 섭취하면 구토, 두통 등의 증상을 보인다. 반려동물에게 영양제보다는 음식을 통해 영양소를 섭취하는 것이 좋다. 오메가3를 먹이고 싶다면 연어, 정어리, 고등어, 소고기, 아마씨, 호두 등 오메가3가 들어간 음식을 사료와 함께 제공하여 필요한 영양소를 음식으로 섭취할 수 있게 하는 게 좋다.

반려동물을 건강하게 키우고 싶다면 영양이 균형 잡힌 음식을 제공하는 것이 중요하다. 먼저 자신이 키우는 반려동물에게 어떤 영양소가 필요한지 알아야 한다. 그에 따라 사료를 선택하고, 좋은 음식을 섭취하도록 해야 한다. 하지만 모든 것이 넘치거나 부족하면 좋지 않다는 말이 있듯이 영양소가 넘치거나 부족하면 비만과 수많은 질병을 가져온다.

꼭 알아야 할 반려동물보호법

반려동물을 키운다면 꼭 알아야 하는 동물보호법이 있다. 반려동물보호법 목적과 맹견의 관리, 반려동물과 관련한 법에 대해 자세히 살펴보자.

제1조(목적) 이 법은 동물에 대한 학대행위의 방지 등 동물을 적정하게 보호·관리하기 위하여 필요한 사항을 규정함으로써 동물의 생명보호, 안전 보장 및 복지 증진을 꾀하고, 건전하고 책임 있는 사육문화를 조성하여, 동물의 생명 존중 등 국민의 정서를 기르고 사람과 동물의 조화로운 공존에 이바지함을 목적으로 한다. 〈개정 2018. 3. 20., 2020. 2. 11.〉

맹견의 관리는 제13조의2에 명시되어 있다.
① 맹견의 소유자등은 다음 각 호의 사항을 준수하여야 한다.
1. 소유자등 없이 맹견을 기르는 곳에서 벗어나지 아니하게 할 것

2. 월령이 3개월 이상인 맹견을 동반하고 외출할 때에는 농림축산식품부령으로 정하는 바에 따라 목줄 및 입마개 등 안전장치를 하거나 맹견의 탈출을 방지할 수 있는 적정한 이동장치를 할 것

3. 그 밖에 맹견이 사람에게 신체적 피해를 주지 아니하도록 하기 위하여 농림축산식품부령으로 정하는 사항을 따를 것

② 시 · 도지사와 시장 · 군수 · 구청장은 맹견이 사람에게 신체적 피해를 주는 경우 농림축산식품부령으로 정하는 바에 따라 소유자등의 동의 없이 맹견에 대하여 격리조치 등 필요한 조치를 취할 수 있다.

③ 맹견의 소유자는 맹견의 안전한 사육 및 관리에 관하여 농림축산식품부령으로 정하는 바에 따라 정기적으로 교육을 받아야 한다.

④ 맹견의 소유자는 맹견으로 인한 다른 사람의 생명 · 신체나 재산상의 피해를 보상하기 위하여 대통령령으로 정하는 바에 따라 보험에 가입하여야 한다. 〈신설 2020. 2. 11.〉

[본조신설 2018. 3. 20.]

[시행일 : 2021. 2. 12.] 제13조의2

법칙은 제46조에 명시되어 있다.

제46조(벌칙) ① 다음 각 호의 어느 하나에 해당하는 자는 3년 이하의 징역 또는 3천만원 이하의 벌금에 처한다. 〈신설 2018. 3. 20., 2020. 2. 11.〉

1. 제8조제1항을 위반하여 동물을 죽음에 이르게 하는 학대행위를 한 자

2. 제13조제2항 또는 제13조의2제1항을 위반하여 사람을 사망에 이르게 한 자

② 다음 각 호의 어느 하나에 해당하는 자는 2년 이하의 징역 또는 2천만원 이하의 벌금에 처한다. 〈개정 2017. 3. 21., 2018. 3. 20., 2020. 2. 11.〉

1. 제8조제2항 또는 제3항을 위반하여 동물을 학대한 자

1의2. 제8조제4항을 위반하여 맹견을 유기한 소유자등

1의3. 제13조제2항에 따른 목줄 등 안전조치 의무를 위반하여 사람의 신체를 상해에 이르게 한 자

1의4. 제13조의2제1항을 위반하여 사람의 신체를 상해에 이르게 한 자

2. 제30조제1호를 위반하여 거짓이나 그 밖의 부정한 방법으로 동물복지축산농장 인증을 받은 자

3. 제30조제2호를 위반하여 인증을 받지 아니한 농장을 동물복지축산농장으로 표시한 자

③ 다음 각 호의 어느 하나에 해당하는 자는 500만원 이

하의 벌금에 처한다. 〈개정 2017. 3. 21., 2018. 3. 20.〉

1. 제26조제3항을 위반하여 비밀을 누설하거나 도용한 윤리위원회의 위원

2. 제33조에 따른 등록 또는 신고를 하지 아니하거나 제34조에 따른 허가를 받지 아니하거나 신고를 하지 아니하고 영업을 한 자

3. 거짓이나 그 밖의 부정한 방법으로 제33조에 따른 등록 또는 신고를 하거나 제34조에 따른 허가를 받거나 신고를 한 자

4. 제38조에 따른 영업정지기간에 영업을 한 영업자

④ 다음 각 호의 어느 하나에 해당하는 자는 300만원 이하의 벌금에 처한다. 〈개정 2017. 3. 21., 2018. 3. 20., 2019. 8. 27., 2020. 2. 11.〉

1. 제8조제4항을 위반하여 동물을 유기한 소유자등

2. 제8조제5항제1호를 위반하여 사진 또는 영상물을 판매 · 전시 · 전달 · 상영하거나 인터넷에 게재한 자

3. 제8조제5항제2호를 위반하여 도박을 목적으로 동물을 이용한 자 또는 동물을 이용하는 도박을 행할 목적으로 광고 · 선전한 자

4. 제8조제5항제3호를 위반하여 도박·시합·복권·오락·유흥·광고 등의 상이나 경품으로 동물을 제공한 자

5. 제8조제5항제4호를 위반하여 영리를 목적으로 동물을 대여한 자

6. 제24조를 위반하여 동물실험을 한 자

⑤ 상습적으로 제1항부터 제3항까지의 죄를 지은 자는 그 죄에 정한 형의 2분의 1까지 가중한다. 〈개정 2017. 3. 21., 2018. 3. 20.〉

[시행일 : 2021. 2. 12.] 제46조